Romano Guardini
Die Lebensalter

topos taschenbücher, Band 1029
Eine Produktion des Matthias Grünewald Verlags

Romano Guardini

Die Lebensalter

Ihre ethische und pädagogische Bedeutung

topos taschenbücher

Verlagsgemeinschaft topos plus
Butzon & Bercker, Kevelaer
Don Bosco, München
Echter, Würzburg
Matthias Grünewald Verlag, Ostfildern
Paulusverlag, Einsiedeln (Schweiz)
Verlag Friedrich Pustet, Regensburg
Tyrolia, Innsbruck

Eine Initiative der
Verlagsgruppe engagement

www.topos-taschenbuecher.de

Bibliografische Information der Deutschen Nationalbibliothek
Die Deutsche Nationalbibliothek verzeichnet diese Publikation in der Deutschen Nationalbibliografie; detaillierte bibliografische Daten sind im Internet über http://dnb.d-nb.de abrufbar.

ISBN 978-3-8367-1029-9

2026 Verlagsgemeinschaft topos plus, Kevelaer
19. Taschenbuchauflage (unveränderter Nachdruck der 9. Auflage, Würzburg: Werkbund Verlag, 1967, 1. Auflage 1953)

Bei Fragen zu Nachhaltigkeit und Produktsicherheit wenden Sie sich bitte an
produktsicherheit@verlagsgruppe-patmos.de

Einband- und Reihengestaltung: Finken & Bumiller, Stuttgart
Herstellung: Friedrich Pustet, Regensburg
Printed in Germany

Inhalt

Vorbemerkung der Herausgeber

Das Folgende bildete ursprünglich ein Kapitel aus einer Vorlesung über Grundfragen der Ethik. Es ist dann sprachlich durchgearbeitet, sein Charakter als Vorlesung aber nicht geändert worden.

Der Leser möge also im Auge behalten, daß der Text auf das Sprechen und die Ergänzung durch den freien Vortrag hin geschrieben ist, daher einiges Mit- und Weiterdenken fordert. Die häufig wiederkehrenden drei Punkte weisen jeweils darauf hin.

Zur vierten Auflage

Zur neuen Auflage von Nr. 6 unserer Reihe hat uns der Verfasser zwei weitere Beiträge zur Verfügung gestellt, die das Grundthema »Die Lebensalter« bereichern und vertiefen. Der erste sind Gedanken, die er aus Anlaß seines 70. Geburtstags im Rahmen seiner Ethik-Vorlesung an der Münchener Universität entwickelt hat. Die durch die besondere Gelegenheit gegebene persönliche Note der Ansprache wurde beibehalten. Der zweite Beitrag bringt eine Ansprache des Verfassers in der Sendefolge des Bayerischen Rundfunks über das Thema »Am Abend des Lebens«.

Zur fünften Auflage

Auch diese Auflage ist vermehrt, und zwar um den Abschnitt über den ganz alten Menschen. Abgesehen vom sachlichen Zusammenhang selbst weisen auch die Beobachtungen über die steigende Lebenserwartung auf die Bedeutung des Gegenstandes hin.

Die Lebensalter

Ihre ethische und pädagogische Bedeutung

Phase und Zusammenhang

I

Die menschliche Existenz kann unter vielen Gesichtspunkten betrachtet werden, und es gehört zu ihrem Wesen, daß sie unter keinem zu erschöpfen ist. Einer von ihnen besteht in der eigentümlichen Spannung zwischen der Selbigkeit der Person und dem Wandel ihrer näheren Bestimmungen.

Der Mensch charakterisiert sich immer neu. Seine körperlich-seelischen Zustände wechseln beständig. Ein anderes Bild zeigt sich, wenn er arbeitet oder sich erholt, wenn er im Kampf oder im ruhigen Besitz steht. In der Beziehung zu jedem neuen Menschen erscheinen andere Momente seines Wesens. Die verschiedenen Zustände der Gesundheit, der beruflichen oder sozialen Situation können bis ins Innerste reichen. Die entstehenden Unterschiede sind manchmal so groß, daß die Selbigkeit in Frage gestellt scheint – vor allem dann, wenn sich abnorme Erscheinungen, zum Beispiel schizoider Art, herausbilden.

Trotzdem ist es immer der gleiche Mensch, um den es sich handelt. Die Verschiedenheit der Zustände hebt die Einheit nicht auf, sondern diese behauptet sich in jener. Noch in der scheinbaren Zerstörung ist sie durch das Moment des Schicksals zu ahnen.

Wir wollen nun eine Art von Zuständlichkeiten ins Auge fassen, die für das Verständnis des Menschen von besonderer Bedeutung sind, nämlich die Lebensalter.

Sofort erhebt sich die Frage, wo wir dabei die Grenzen ansetzen sollen. An sich stellt jeder Lebensabschnitt etwas Neues dar. So zum Beispiel eine Phase des Tages: der Morgen, der Mittag oder der Abend; oder eine Tag-Nacht-Einheit gegenüber der vorausgehenden; oder eine Jahreszeit im Unterschied zur vorausgehenden; oder ein ganzer Jahreslauf verglichen mit dem vergangenen, und sei es auch nur in dem Sinn, daß der betreffende Lebensabschnitt einzig ist, weil er ja nicht mehr wiederkehrt. Die Unbedenklichkeit, mit der wir in bezug auf ein bestimmtes Leben sagen: »so und so viele Tage, Wochen, Jahre«, ist eine Täuschung, welche dem Ernst der Einmaligkeit auszuweichen sucht. Wir schieben dabei die mechanische Gleichförmigkeit der abstrakten Stunden oder Tage vor. In Wahrheit sind jede Stunde, jeder Tag, jedes Jahr lebendige Phasen unseres konkreten Daseins, deren jede nur einmal kommt, da sie eine unvertauschbare Stelle in dessen Ganzem bildet.

Darin, daß jede neu ist, noch nicht da war, einzig ist und für immer vergeht, liegt ja auch die Spannung des Daseins; der innerste Anreiz, es zu leben. Sobald er nicht mehr empfunden wird, entsteht ein Gefühl der Monotonie, das sich bis zur Verzweiflung steigern kann. Ebendaraus erwächst aber auch die Schwere der Tatsache, daß nichts Vergangenes einzuholen ist, und damit die Not des Verloren-Habens.

So hat jeder Versuch, eine bestimmte Phase herauszuheben, etwas Willkürliches. Trotzdem gibt es Einschnitte, die so tief greifen, daß sie zu einer besonderen Heraushebung berechtigen.

II

Da wir hier nur einen sehr begrenzten Raum zur Verfügung haben, nehmen wir die Phasen sehr weit, und zwar unterscheiden wir folgende: Das Kind... den jungen... den mündigen... den reifen... den alten... den senilen Menschen.

Es liegt auf der Hand, daß hier Untergliederungen möglich sind. So stellt zum Beispiel das Kleinkind eine andere Lebensgestaltung dar als das Großkind; dieses wieder eine andere als Knabe und Mädchen. Darauf einzugehen, würde uns aber ins Uferlose führen.

Zwischen den Phasen, die wir genannt haben, liegen typische Krisen: Zwischen der Altersstufe des Kindes und der des jungen Menschen die Krise der Pubertät... zwischen der des jungen und des mündigen Menschen die der Erfahrung... zwischen der des mündigen und des reifen die des Grenzerlebnisses... zwischen dem reifen und dem alten Menschen die der Loslösung... zwischen dem alten und dem senilen Hilfloswerden.

Diese Phasen sind echte Lebensgestalten, die man nicht voneinander ableiten kann. Man kann die Haltung des jungen Menschen nicht aus jener des Kindes heraus verstehen – ebensowenig wie die Existenz des Kindes als bloße Vorbereitung auf den jungen Menschen verstehbar ist. Jede Phase hat ihren eigenen Charakter, der sich so stark betonen kann, daß es für den sie Lebenden schwer wird, aus ihr in die nächste überzugehen.

Diese Schwierigkeiten können sich sogar fixieren. Dann wird eine Phase noch festgehalten, wenn sie

schon ausgelebt sein sollte, und eine neue an der Zeit ist; denken wir etwa an den infantilen Menschen, der seinem Alter nach mündig sein sollte, aber noch die Gefühls- und Charakterhaltung des Kindes hat. Es kann aber auch sein, daß die betreffende Phase so sehr auf die folgende hingeordnet wird, daß sie sich gar nicht in ihrem eigentlichen Wesen entfalten kann; denken wir etwa an die verhängnisvolle Erscheinung, daß ein Kind keine Möglichkeit hat, wirklich Kind zu sein, weil eine zerrüttete Umgebung es vor der Zeit wissend macht, oder weil es infolge wirtschaftlicher Not arbeiten muß, wann es eigentlich sollte spielen dürfen.
Die Lebensgestalten bilden auch Wertfiguren in dem Sinne, wie wir in dieser Vorlesung das Wort immer wieder brauchen[1]. In ihnen tauchen bestimmte Werte auf, die unter bestimmten Dominanten stehen und so charakteristische Gruppen bilden. Sie zeichnen die sittlichen Möglichkeiten und Aufgaben der betreffenden Lebensphase.

In ihnen allen ist es immer ein und derselbe Mensch, der da lebt. Und nicht nur das gleiche biologische Individuum, wie bei einem Tier, sondern die nämliche Person, die um sich weiß und die betreffende Lebensphase verantwortet. Das zeigt sich zum Beispiel in den Phänomenen der Erinnerung und der Voraussicht, über die wir ja in einem früheren Zusam-

[1] Die Ethik, in welcher die hier wiedergegebene Untersuchung einen Abschnitt bildet, verwendet den Begriff der Wertfigur, um die Lehre von den besonderen sittlichen Aufgaben zu unterbauen und jener von den allgemeinen sittlichen Prinzipien gegenüberzustellen.

menhang eingehend gesprochen haben. Der Mensch kann auf die durchlaufenden Phasen zurückblicken und sich vergegenwärtigen, was in ihnen geschehen ist. Aber, und darin besteht die eigentliche Erinnerung, nicht bloß als ein Feststellen objektiver Vorgänge, sondern bezogen auf das eigene Sein; als Vorgänge im eigenen Leben, in welchem bei aller Verschiedenheit doch wiederum alles zusammenhängt und zur Verwirklichung – oder Verfehlung – des Daseins beiträgt... Entsprechendes geschieht in der Voraussicht. Jeder Plan für den morgigen Tag, für die nächste Woche, für das laufende Semester, für künftige Jahre ist ein solches Vorausschauen in das, was noch nicht ist; es wird anders als die Gegenwart sein und dennoch zur Einheit der gleichen personal bestimmten Existenz gehören.

An den Phänomenen der Erinnerung und der Voraussicht wird aber auch deutlich, wie scharf die einzelnen Phasen sich voneinander abheben. Denken wir etwa an die Schwierigkeiten, die der erwachsene Mensch hat, sich in seine Kindheit zurückzuversetzen, wie sie wirklich war. Sie also weder als etwas Überholtes abzutun, noch in ihr die Zeit einer verlorenen Glückseligkeit zu sehen. Wie wenig das gelingt, zeigt sich immer wieder im Vorgang der Erziehung: wenn etwa der Erwachsene einem Kind Haltungen oder Leistungen zumutet, die so ungemäß sind, daß offenbar wird, er hat ganz vergessen, wie er selbst als Kind sich empfand.

Sie sehen, wie hier die Dialektik von Lebensphase und Lebensganzem hervortritt. Jede Phase ist ein Eigenes, das weder aus der voraufgehenden noch der folgenden abgeleitet werden kann. Andererseits ist jede Phase aber ins Ganze eingeordnet und gewinnt ihren vollen Sinn nur, wenn sie sich auch wirklich auf es hin auswirkt.

Und nun versuchen wir, die verschiedenen Phasen herauszuarbeiten.
Dabei bitte ich Sie aber, etwas im Auge zu behalten. Der vorgegebene Rahmen erlaubt uns nicht, feine Unterscheidungen zu machen, sondern wir müssen die Bilder in großen Zügen zeichnen. So wird man bei jedem Bild Einwendungen erheben können: das habe ich bei mir selbst anders erfahren; davon habe ich bei Menschen, die ich kenne, einen anderen Eindruck gewonnen, und so fort. Wenn die Charakteristik ganz richtig sein sollte, müßte man den betreffenden Zustand so zeichnen, wie er sich bei einem bestimmten Menschen entwickelt hat; dann hätten wir aber nicht mehr Philosophie zu treiben, sondern Geschichte; und zwar Individualgeschichte, das heißt Biographie.
Das ist aber nicht unsere Aufgabe; so suchen wir nach den typischen Formen, die eben als solche nirgendwo ganz, aber, wenn richtig herausgebracht, in jedem Fall irgendwie stimmen werden.

Das Leben im Mutterschoß, Geburt und Kindheit

I

Wir beginnen mit der Beschreibung der kindlichen Lebensgestalt. Da wir selbst keine Kinder mehr sind, bleiben wir uns jener Irrtumsmöglichkeiten bewußt, die sich für den Erwachsenen aus dem Verhältnis zur eigenen Kindheit ergeben: daß sie ihm vertraut und doch wieder fremd ist; er sich ihrer erinnert, aber auch sie vergißt; daher auch in Gefahr kommt – wie sich das an Kindheitserinnerungen zeigt –, sie nach irgendeiner Seite hin zu stilisieren.

Wir haben in unserer Übersicht zwischen den einzelnen Lebensphasen jeweils eine Krise angenommen: eine solche liegt auch vor der Kindheit. Das mag aufs erste Hören hin seltsam klingen, da man doch meistens das Kindsein als Anfang einfachhin versteht. Aus den Einsichten der Tiefenpsychologie ergibt sich aber – was übrigens jede wirkliche Mutter von selbst weiß – daß das Leben im Mutterschoß ein wirkliches Leben; keine nur physiologische, sondern auch eine psychologische Entwicklung bedeutet. Wie letztere sich vollzieht, muß hier auf sich beruhen; jedenfalls ist in den letzten Phasen der embryonalen Entwicklung ein solches Leben da. Es hat nur den Charakter der Unbewußtheit. Sollte dieser Begriff uns Schwierigkeiten machen, weil wir gewohnt sind, seelisches Leben mit bewußtem Leben gleichzusetzen, dann brauchen wir nur an den Schlaf zu denken. In ihm hört das seelische, ja sogar das geistige Geschehen durchaus nicht auf. Es geht nur in anderer Form, der der Unbewußtheit vor sich und kann durch bestimmte Verfahrensweisen ins Bewußtsein treten. (Träume, Klarwerdung in persönlichen Dingen, Förderung geistiger Produktion, Lösung von Problemen und so fort.)

Die Sorge dafür, daß dieses körperliche wie seelische Wachstum im Schoß der Mutter sich richtig vollziehe; daß Erschütterungen durch falsches Verhalten der Mutter, Angst, Entbehrungen und so weiter ferngehalten werden, bildet ja eine der Hauptaufgaben der Schwangerschaft.

Die Krise aber, von der wir gesprochen haben, liegt im Vorgang der Geburt selbst.
Durch ihn verläßt das ausgereifte Kind den Mutterschoß und beginnt die individuelle Existenz. Die Psychologie zeigt, daß dieser Vorgang sich in die Seele des Kindes tief eingräbt, und ein falscher Vollzug Folgen für das ganze Leben hat – und nicht nur körperlicher, sondern auch seelischer Art.

Der Zustand im Mutterschoß ist der eines vollkommenen Eingewobenseins. Das Kind lebt im Lebensbereich der Mutter. Durch die Geburt löst es sich aus ihm. Das Problem aber besteht darin, ob die Ablösung sich wirklich und voll – andererseits aber auch in richtiger Überleitung vollzieht. Schon Freud hat darauf aufmerksam gemacht, daß erfahrene Hebammen vom Schrecken sprechen, den das Kind beim Geborenwerden erlebe, und dafür, wie dieser Schrecken überstanden wird, die Mutter verantwortlich machen. Andererseits scheint die Tatsache, daß die Ablösung – die innere, seelische, der Eintritt ins Eigen-Dasein – nicht vollzogen wird, eine besondere Bedeutung für das Entstehen der Schwermut zu haben. In ihr scheint nämlich das Verlangen wirksam zu sein, in die Geborgenheit des Schoßbereiches zurückzukehren.
Die ethischen Aufgaben sind hier naturgemäß solche der Eltern, besonders der Mutter. Sie betreffen die physiologischen Anforderungen, die Haltung des Gemütes, die innere Zuwendung in Aufmerksamkeit und Liebe, das Verhalten bei der Geburt selbst. Was letztere angeht, so darf die Frage aufgeworfen werden, ob die Technik der immer größeren Erleichterung nur Gewinn bedeutet. Ob sie nicht als Banalisie-

rung wirkt, und das existentielle Gewicht dieser Trennung verringert, die doch zugleich auch personale Annahme ist.

II

Was nun die Lebensgestalt des Kindes betrifft, so scheint sie durch folgende Momente bestimmt zu sein: Es muß sich in die individuelle Existenz eingewöhnen; es muß lernen, selbst zu gehen, statt getragen; selbst zu essen, statt gefüttert zu werden und so fort.

Der Schutz, den das Kind genießt, besteht einmal darin, daß die Eltern – vor allem die Mütter; aber auch, direkt oder indirekt, über die Mutter, der Vater – zwischen dem Kinde und der äußeren Welt stehen.

Die Welt ist dem Neugeborenen bei seiner schwachen Selbstbehauptungskraft feindlich. Die Eltern fangen den Stoß dieser Feindlichkeit auf. Sie schützen das Kind vor physischen Gefahren und seelischen Verwundungen; nähren, pflegen, kleiden es... Die Welt ist dem Kinde aber auch fremd. Seine immer wiederkehrende Frage: »was ist da?« ist die Frage des Fremdseins. Die Mutter übersetzt das Fremde in die Anschauungs- und Gefühlswelt des Kindes; und ihre manchmal scheinbar törichte Antwort ist die einzig richtige, weil sie allein verstanden wird... Die Eltern geben dem Kind die Atmosphäre einer ständigen Bejahung in Aufmerksamkeit und Liebe. Dadurch bekommt es das Bewußtsein der Geborgenheit. Sagen wir richtiger: es kommt gar nicht auf den Gedanken, nicht geborgen zu sein, weil ihm die Eltern Autorität, Schutz und spendende Instanz einfachhin sind.

Die schützende Hülle liegt aber auch in der Psychologie des Kindes selbst; und zwar darin, daß es die Unterscheidungen, mit denen der Erwachsene seine Welt gliedert, noch nicht macht. Für das Kind sind zum Beispiel Innen und Außen nicht grundsätzlich geschieden. Seelische Inhalte und äußere Wirklichkeit gehen in einander. Vorgestellte Dinge sind ohne weiteres wirklich. Eine Phantasie wirkt als Erfüllung. Hier wurzelt ja zum Beispiel ein gut Teil der scheinbaren Lügenhaftigkeit des Kindes. Erst allmählich unterscheidet es Phantasieaussage und Wirklichkeitsaussage... Auch in der Außenwelt macht es dem Erwachsenen geläufige Unterscheidungen noch nicht. Die Puppe ist ihm so lebendig wie das Tier; umgekehrt geht es oft mit dem Tier in einer Weise um, als ob dieses ein Spielzeug wäre und keine eigene Initiative hätte... Erst allmählich unterscheidet es zwischen Feindlich und Freundlich; daher die Vertrauensseligkeit des Kindes... Auch das Bewußtsein von Zwecken und den ihrer Erreichung dienenden Mitteln ist nicht da – womit nicht gesagt sein soll, daß das Kind seinen Willen nicht in einer sehr sicheren Weise durchsetzte. Das geschieht aber nicht durch Reflexionen, sondern instinktiv. Auch die Verknüpfung von Ursache und Wirkung wird erst langsam gelernt.

Diese Haltung bildet eine Umhüllung, in welcher das Kind ruhig wachsen kann. So ist es verhängnisvoll, wenn sie verletzt wird. Wenn törichte Eltern das Kind zu früh erwachsen machen: zum Beispiel es anleiten, Eindruck zu machen; eine Rolle zu spielen; Absichten durchzusetzen, zu lügen, und so weiter. Noch elementarer wirken die äußeren Realitäten materieller Not, die es zu schnell in das zweckhafte Denken oder

in die Sorge um die tägliche Notdurft drängen; des engen Wohnraumes, in welchem das Kind in eine zu große Nähe zu den Erwachsenen kommt, ihr Triebleben, ihre Unehrlichkeit, ihre Bosheit kennenlernt, und so fort.
Vollends schlimm ist es, wenn die Kinder vom Staat den Eltern genommen und programmäßig für seine Zwecke beeinflußt und erzogen werden.

Aus dieser Einheit der Kindessphäre erwächst der Eindruck, das Kind sei unschuldig. Das trifft zu, wenn damit die Unmittelbarkeit des Fühlens und der Lebensbewegung gemeint ist; die Weise, wie es an die Dinge herantritt, und so fort. Nicht trifft es zu im sittlichen Sinne.
Die wirkliche Mutter, der es nicht auf Sentimentalitäten, sondern auf das personale Schicksal des Kindes ankommt, weiß sehr wohl, wie früh die Instinkte der Selbstsucht, der Rücksichtslosigkeit, der Grausamkeit einsetzen. Denken wir auch an die Feindschaften zwischen Geschwistern; oder an die zuweilen verblüffende Schlauheit und Verstellungskunst des Kindes.
Das alles ist aber noch in den Lebenszusammenhang eingewoben.
In dieser Hülle soll das Kind sich entwickeln können. Aber nicht, um ihr verhaftet zu bleiben, sondern um in die eigene individuelle Initiative hineinzugelangen. Dem stehen Hindernisse im Wege. Etwa die Neigung der Eltern – vor allem sehr »mütterlicher« Mütter oder autoritätssüchtiger Väter – es klein zu halten; ein Wunsch, in welchem ein eigentümlicher Erotismus mit einem Drang der Beherrschung zusammengehen. Andererseits aber auch die Bequemlichkeit des Kin-

des selbst; eine Nestliebe, welche die Anstrengung und den offenen Raum scheut... Aus solchen und ähnlichen Ursachen kommt die Gefahr der Infantilität: daß die kindliche Haltung in spätere Lebensphasen hinein dauert; ja zuweilen, heimlich genährt, bis ins Alter...
Daraus erwächst dem Erzieher die Aufgabe, das Kind in die eigene Art und Initiative freizugeben; ja es zu ihr anzuregen, in sie hineinzugewöhnen.

Die Krise der Reifung

I

So wandelt sich der Zustand des kindlichen Daseins allmählich. Die Geborgenheit durch Eltern und Heim lockert sich. Immer häufigere Begegnung mit Dingen, Menschen, Vorgängen lassen die äußere Welt hereindringen und bringen sie als solche zu Bewußtsein. Das geschieht um so schneller und heftiger, je mehr das Kind durch ungünstige wirtschaftliche und soziale Verhältnisse, durch Mangel an Liebe seitens der Eltern diesem Andringen ausgesetzt ist.
Auch die seelische Umhüllung lockert sich. Durch manchmal sehr früh einsetzende Erfahrungen wird dem Kinde der Unterschied zwischen freundlichen und feindlichen Wesen deutlich. Es lernt nützliche und schädliche Verhaltensweisen unterscheiden. Es lernt Zwecke zu sehen und sie zu erreichen; zwischen Gut und Böse zu unterscheiden und sich um das Rechte zu bemühen, und so fort.
Im Maße das geschieht, treten die Stufen des Großkindes, die des Knaben und Jungmädchens hervor;

zeigen ihren besonderen Charakter und stellen ihre besondere Aufgabe. Auf alles das können wir hier nicht eingehen.

II

Die von innen her entscheidende Krise wird dadurch bewirkt, daß die beiden Grundimpulse der individuellen Selbstbehauptung und des sexuellen Triebes durchdringen.

Damit soll – um vom ersten zu sprechen – nicht gesagt sein, er sei im Kinde noch nicht wirksam. Man kann beobachten, wie früh und mit welcher Geschicklichkeit es sich selbst durchzusetzen weiß. Jede Mutter kennt die Eifersucht, die schon beim Kleinkinde auftritt, wenn ein neues Geschwister hinzukommt, und das bisher einzige oder doch jüngste nicht mehr den Mittelpunkt der elterlichen Aufmerksamkeit und Liebe bildet. Ebenso kennen Eltern und Erzieher die Herrschsucht des Kindes, mit der es sich seine Geschwister zu unterwerfen; die Geltungssucht, mit der es vor Gästen eine Rolle zu spielen weiß. Doch geschieht das alles in einer naiven und instinkthaften Form. Die eigentliche Krise der Selbstdurchsetzung beginnt mit dem Erwachen der Person; dem Bewußtsein, jemand zu sein, im Unterschied zu den Anderen.

Daraus kommt die Verletzlichkeit des jungen Selbstgefühls; die übersteigerte Selbstbetonung, in der sich zeigt, wie unsicher das Selbst noch ist; die beständige Rebellion des reifenden jungen Menschen gegen die Autorität; das Mißtrauen gegen das, was Andere sagen, bloß weil es Andere sind, die es sagen – andererseits aber auch die Anfälligkeit für die Verfüh-

rung durch die törichtsten Gedanken, sobald diese es verstehen, in die gerade wirksamen Tendenzen einzumünden.
Das Ziel dieser Entwicklung ist, sich als Selbst von den Anderen zu unterscheiden; als Person in Freiheit und Verantwortung dazustehen; eigenes Urteil über die Welt und eigenen Stand in ihr zu gewinnen; Selbst zu werden, um auch den Weg zum Anderen gehen, als »Ich« »Du« sagen zu können.

Die andere Ursache der Krise ist das Erwachen des sexuellen Triebes. Auch hier wissen Eltern und Erzieher, daß er vorher durchaus nicht fehlt; und daß auch hierin die Redensart von der Unschuld des Kindes eine sentimentale Unwahrheit ist. In Wahrheit setzen sexuelle Impulse schon in der frühesten Kindheit ein und werden immer wieder wirksam. Sie haben aber noch einen diffusen Charakter; finden noch nicht jenes Gegenüber zum Menschen des anderen Geschlechts, das seinerseits das Gegenüber der Individualität, ja der Person voraussetzt. Dieser Impuls tritt nun mit den physiologischen Voraussetzungen der Zeugungs- und Empfängnisfähigkeit elementar hervor.
Es ist die Zeit, in welcher Knabe wie Mädchen am schwersten für autoritäre Weisung, ethische und religiöse Beeinflussung zugänglich sind. Die Umhüllung, in der vorher das Wachstum stattfand, die aber zugleich das Kind in den Lebensbereich der Eltern und des Heimes hineinwob, zieht sich gleichsam akut zusammen, und es entsteht eine Opposition gegen die Umgebung, in deren Kern der noch nicht voll verstandene beziehungsweise noch nicht in die Ganzheit der personalen Existenz eingeordnete Geschlechts-

trieb sitzt. Eine Heimlichkeit bildet sich, die leicht den Zusammenhang mit der Umgebung verliert, Phantastik und Verstellung mit sich bringt.
So geht die Aufgabe der Erziehung dahin, zu erreichen, daß die neu erwachte Lebenswirklichkeit gesehen, anerkannt, vom Charakter des Illegitimen frei gehalten – zugleich aber in die Ordnung eingefügt, durch die Person in Verantwortung genommen und unter die Maßstäbe der Ehre gestellt werde.

Aus dieser Umlagerung und Umwerdung soll der mündige junge Mensch hervorgehen, frei zum personalen Sein wie zur vitalen Erfüllung.
Das wird durch Gefahren bedroht. Hinsichtlich der Personalität: daß er den Schritt in die Eigenständigkeit nicht tue, und abhängig bleibe; oder aber in der Rebellion verharre und nicht lerne, was freibejahte Ordnung ist. Hinsichtlich des geschlechtlichen Lebens: daß er den Mut zum Hinüberschritt nicht finde, unfähig werde, im vollen Sinn des Wortes Vater oder Mutter zu werden; oder aber dem Sexus verfalle, darin verwildere und nicht zur echten Liebe in Ehre und Verantwortung gelange.
Hier liegen Aufgaben für den reifenden Menschen selbst, wie für Eltern und Erzieher.

Der junge Mensch

I

Ist diese Krise durchlebt, dann entsteht die Daseinsform des jungen Menschen.
Sie zu zeichnen ist schwierig, weil in ihr so vieles im

Werden ist – aber auch, weil in ihr so vieles in Gegensätzen spielt. Hinzu kommen die Umlagerungen, welche durch die Ereignisse unserer Zeit und den in ihnen sich ausdrückenden Umbruch der ganzen Daseinsstruktur bewirkt sind. So muß ich noch einmal an das erinnern, was zu Eingang dieses Kapitels über die Gültigkeit solcher Zeichnungen gesagt worden ist.

Der durch die Krise der Entwicklungsjahre hindurchgeschrittene junge Mensch hat mit dem eigenen Selbst Fühlung genommen und sucht sich seiner zu bemächtigen. Er faßt darin Stand; tritt von ihm aus der Welt gegenüber und beginnt, in ihr sein Werk zu tun... Er ist sich seiner vitalen Kräfte bewußt geworden und fühlt, daß in ihnen Möglichkeiten des Werdens und Erfahrens liegen. Ebenso aber auch Aufgaben: sie zu bejahen und einzuordnen; auf die echten Erfüllungen hin zu sparen und zu formen.

Der Grundcharakter dieser neuen Lebensgestalt ist, wenn ich recht sehe, durch zwei Momente bestimmt. Ein positives: die Aufstiegskraft der sich betonenden Personalität wie der durchdringenden Vitalität – ein negatives: der Mangel an Wirklichkeitserfahrung.

Daraus das Gefühl, die Welt sei unendlich offen, die Kraft sei unbegrenzt. Die Erwartung, das Leben werde Unabsehliches spenden, und die Zuversicht, man werde Großes leisten. Es ist eine Haltung, die auf Unendliches ausgerichtet ist; das Unendliche des noch nicht erprobten Beginns. Sie hat den Charakter des Unbedingten. Der Reinheit, die in der Ablehnung des Kompromisses besteht. Der Überzeugung, wahre Ideen, richtige Gesinnungen seien ohne weiteres im Stande, die Wirklichkeit zu ändern und zu formen.

Daraus auch die Neigung zum Kurzschluß im Urteilen und Handeln. Und alles das um so heftiger, als das personale Sein noch unsicher ist.
Zugleich fehlt aber, wie schon gesagt, und wie es nicht anders sein kann, die Erfahrung der Wirklichkeit. Es fehlt die Kenntnis der realen Zusammenhänge; der Maßstab für das, was man selbst kann, was andere können, was der Mensch überhaupt kann. Es fehlt das Wissen von der ungeheuren Zähigkeit des Seins, und vom Widerstand, den es dem Willen entgegensetzt. So ist die Gefahr sehr groß, sich zu täuschen; Unbedingtheit der Gesinnung mit Kraft der Durchsetzung, Größe der Idee mit praktischer Möglichkeit zu verwechseln. Es fehlt die so uninteressante, aber für jedes Gelingen so grundlegende Haltung der Geduld.
Diese Periode ist die des natürlichen Idealismus, der die Kraft der Idee und der Gesinntheit überschätzt. Und es steht dahin, ob der für das Leben entscheidende Vorgang, nämlich die Einwirklichung des für recht Erkannten gelingt, oder die Kraft nur die Oberfläche erfaßt.
Es ist auch die Periode, in welcher die typischen Frühbegabungen hervortreten: oft überraschende Leistungen des Verstandes, der Erfindung, der künstlerischen Fähigkeit, des Führen-könnens, bei denen aber nicht sicher ist, ob sie dauern werden. Sie sind vom Auftrieb des jungen Lebens getragen, das mit Phantasie und Mut die Wirklichkeit überschwingt; so ist ein guter Teil dessen, was Begabung scheint, in Wahrheit die Tatsache dieser Jugendlichkeit selbst; und die Erfahrung zeigt dann, daß sie stehen bleibt.

Vielleicht wenden Sie ein, das über den Idealismus dieses Lebensalters Gesagte möge für die Jugend

früherer, behüteter Zeiten zutreffen. Die heutige habe keine Illusionen; sie habe durch Drittes Reich, Krieg und Nachkrieg gelernt; sei realistisch, ja skeptisch, wenn nicht zynisch.
Davon wird vieles zutreffen, sofern man das Bild dessen, was »Idealismus« heißt, aus der Vergangenheit nimmt; es mit schwärmenden, verschönenden Tendenzen verbindet. So ist aber der Begriff hier nicht gemeint. Er richtet sich vielmehr auf die Art, wie die Wirklichkeit erfahren wird. Scheinbarer Realismus kann in Wahrheit ganz irreal; scheinbare Skepsis ganz idealistisch sein. »Erfahrung« bedeutet nicht, daß man weiß, wie oft das Gute mißlingt, und wieviel Übles es in der Welt gibt, sondern ob man das in der richtigen Weise weiß; im rechten Verhältnis zum Wesen des Menschen, zum Ganzen des geschichtlichen und sozialen Geschehens und, vor allem, zu den so sehr wirksamen Momenten der Durchschnittlichkeit und des Alltags. Das alles ist beim jungen Menschen noch nicht der Fall – oder aber er ist gar kein junger Mensch, sondern ein vorzeitig gealterter. Letzteres kann natürlich sein, leider, und heute vielleicht öfter als früher. Aber dann hat er keinen Anlaß, daraus einen Maßstab oder eine Literatur zu machen; denn dann ist das eben ein Unglück, mit dem er auf anständige Weise fertig werden muß, ohne den anderen ihre Lebensform zu verleiden.

Diese Periode ist aber auch die Zeit, in welcher aus dem so starken Gefühl für das Unbedingte heraus der Mut kommt, Entschlüsse zu fassen, die über das Leben entscheiden. Dahin gehört zum Beispiel die Wahl des Berufes. Die bedeutet oft ein wirkliches Wagnis; denn hier wird ein Schritt, der die ganze

Zukunft bestimmen soll, in einer Zeit vollzogen, in welcher der nüchterne Blick auf die Wirklichkeit – der eigenen Befähigung wie der umgebenden Dinge – noch fehlt; besonders schwer dann, wenn die äußeren Verhältnisse der Wahl widerstehen, oder eine Vielfalt von Begabungen die innere Entscheidung schwer macht. Andererseits ist es aber gerade das Fehlen realistischer Weltkenntnis, was oft das Wagnis möglich macht. Ja dieses Wagnis kann sich zum Heroischen steigern, wenn die Entscheidung auf das Ungewöhnliche geht. In dieser Zeit kann der junge Mensch Dinge unternehmen, zu denen er sich später nie wieder entschließen könnte.

Daher liegt hier auch die große Gefahr der Verführbarkeit durch solche, die mit nüchternem Kalkül die Großmut des aufsteigenden Lebens für ihre Zwecke einspannen. Man braucht nur einen Blick in die Politik zu tun, um zu sehen, wie dieser Mißbrauch des jungen Lebens zur Methode wird.

Die Entscheidung fällt auch gegenüber dem anderen Menschen, indem die Liebe sich auf ihn hin wagt.

Die erste Phase der Liebe – der wirklichen, nicht der bloß physischen oder sentimentalen; also jener, in welcher die Person steht – hat die Aufgabe, den Einzelnen aus dem bisherigen Zusammenhang von Familie und Herkommen zu lösen und ihn dazu zu bringen, daß er selbst einen neuen Mittelpunkt des Lebens schafft. Es ist klar, welch ein Wagnis das bedeutet, und daß es je später desto schwerer unternommen wird. Auch hier liegen alle Möglichkeiten der Erfüllung – ebenso wie die der Täuschung und des Scheiterns.

II

Wir haben nun vom ethischen Problem dieser Lebensphase zu handeln. Um das richtig zu tun, müssen wir aber zurückgreifen.

Sie haben vielleicht bemerkt, daß bei der Zeichnung der kindlichen Lebensphase sowohl wie bei jener der Pubertätskrise von den darin gestellten eigentlich-ethischen Problemen noch nicht die Rede war. Deswegen nicht, weil diese am besten mit denen der auf sie folgenden Phase in einem Zuge behandelt werden.

Worin besteht also die sittliche Aufgabe des Kindesalters? Zunächst ist zu antworten: im Gleichen wie die jedes anderen Lebensalters, nämlich darin, das Gute zu verwirklichen. Nun ist aber das Gute, so haben wir in früheren Überlegungen gesehen, unendlich im Inhalt und einfach in der Form; so kann es nicht einfachhin verwirklicht werden, sondern bedarf der Aufschließung und Aufgliederung, und das geschieht durch die Situation. Da erscheint das Gute in seiner besonderen Dringlichkeit, so, wie es jetzt, hier, in diesen Verhältnissen gefordert ist; und das kann erkannt, benannt und vollbracht werden.

Worin besteht nun das vom Kindesalter geforderte Gute? In dessen Bild sind verschiedene Werte enthalten, wie sie im Lauf der kindlichen Existenz als möglich und gefordert hervortreten: Ordnung, Reinlichkeit, Aufrichtigkeit, Freundlichkeit, Fleiß, Gehorsam, und so fort. Sie formen sich zu einem Bild, zu einer Wertfigur – dadurch, daß sie durch eine Wertmitte, eine Dominante bestimmt werden. Diese Dominante ist das Wachstum. Dieses Wachsen ist so elementar und charakteristisch, daß es manchmal wie mit Augen gesehen werden kann. Körperlich, seelisch, geistig verändern sich Kinder oft sehr schnell. Manchmal in Form eines stetigen Fortschreitens, das der Erwachsene etwa nach einer Zeit der Abwesenheit feststellt; manchmal aber auch – zum Beispiel im Zusammenhang mit einer Krankheit, oder einem Ortswechsel, oder durch den Einfluß einer neu in die Familie eintretenden Persönlichkeit – wie mit einem Ruck.

Und nun muß wieder an das erinnert werden, was wir in vergangenen Vorlesungen besprochen haben: an das Verhältnis zwischen der einzelnen Phase und der Gesamtgestalt des Lebens. Das Kind ist nicht nur dafür da, daß es erwachsen werde, sondern auch, nein zuerst, daß es selbst, nämlich ein Kind und, als Kind, Mensch sei. Denn Mensch ist der Lebende in jeder Phase seines Lebens, vorausgesetzt, daß diese ihrem inneren Sinn nach echt und voll gelebt wird. So ist das wirkliche Kind nicht weniger Mensch als der wirklich Erwachsene. Wachsen ist ein Weg, ein Werde-Weg; ich muß aber wieder auf das Goethe'sche Wort hinweisen, wonach man nicht nur geht, um anzukommen, sondern um im Gehen zu leben.

Die Lebensform des umhüllten Wachstums wird nie mehr wiederkehren. Sie ist aber im Ganzen des Lebens notwendig. In ihr baut sich eine Schicht des Unbewußten aus, die später alles tragen soll. In ihr senken sich die Wurzeln des Seins in eine Tiefe hinab, aus der sie das ganze Leben hindurch nährende Säfte gewinnen sollen. Wird diese Phase nicht voll durchlebt, dann fehlt ihr Ertrag im Späteren. Der Mensch wird die Welt nie mehr so sehen, wie er sie als Kind sieht; die Einheit der Existenz nie mehr in der Weise erfahren, wie er sie jetzt erfährt. Die später sich darstellende realistische Welt mit all den Unterscheidungen, die sie gliedern, bekommt ihre Klarheit erst auf der Grundlage dieser Einheit – ebenso wie sie erst von hierher jene beständige Korrektur, jene Vertiefung und Durchseelung erfährt, die sie lebbar macht.

Etwas paradox ausgedrückt: Das Kind, das nicht in die Lage gekommen ist, Märchen zu hören und zu erleben, wird später nicht ohne weiteres im Stande sein, der Wissenschaft ihren vollen, zugleich aber auch in seine Grenzen eingeschränkten Wert zu geben – ebenso wie, im Großen gesehen, die moderne Wissenschaft nie möglich gewesen wäre, wenn nicht die mythische Erlebnisform der Frühzeit und die auf das Symbol ausgerichtete Anschauungsweise des Mittelalters die entsprechenden Erlebnisschichten gewonnen hätten. Es ist gesamt- wie individualgeschichtlich falsch, eine bestimmte Phase des Lebensganzen zum Zweck für die vorausgehenden zu machen – von der Arroganz dieser Selbstverherrlichung ganz abgesehen. Ja man kann sagen, das Kind, das nur auf das Erwachsenwerden hin gesehen und beeinflußt sei, könne nicht einmal zu einem richtigen Erwachsenen werden. Denn das echte Durchlebthaben des Kindesalters bildet nicht nur eine dem Erwachsensein zeitlich vorausgehende Stufe, sondern bleibt als dauerndes Element in der ganzen folgenden Existenz[2].

Da aber das Kind wesentlich wachsend ist, liegt der seinem Alter aufgegebene sittliche Wert, nämlich

[2] Vergl. dazu Rilkes tiefsinniges Gedicht: »Laß Dir, daß Kindheit war...«; Werke 1957 II 130ff.

eben das rechte Wachstum, entscheidender Weise in der Verantwortung jener, die bereits erwachsen sind: von Mutter, Vater, älteren Geschwistern, Lehrern und Erziehern.

Die Existenz des Kindes spielt zwischen zwei Polen: der eigenen Person und jener des Erziehers – das Wort für alle jene genommen, die für es verantwortlich sind. Die Bedeutung des Erziehers ist dabei um so größer, je kleiner das Kind ist. So ist das ethische Problem des Kindesalters zunächst ein Problem des Erziehers; Wachstum aber bedeutet, daß es immer mehr zu einem Problem des Kindes werde.

Was hat also der Erzieher zu tun?

III

Der Altmeister der neueren Pädagogik, Herman Nohl, hat einmal gesagt, der Erzieher sei der Sachwalter des kindlichen Lebensanliegens gegenüber den Interessen der Erwachsenen – freilich auch gegenüber den Instinkten des Kindes selbst. So habe er dafür zu sorgen, daß es wirklich Kind sein könne.

Das heißt nicht, daß es verspielt bleiben und keine Lebenszucht lernen solle, sondern daß die beiden das Wachstum begründenden Elemente im richtigen Verhältnis zu einander stehen. Der Erzieher hat dafür zu sorgen, daß das Kind lerne, sich einzufügen; für seine Triebe und Instinkte Form anzunehmen; zu tun, was es von der Familie, der Schule her zu tun hat, und so fort – zugleich aber auch, daß es sich selber leben könne und freien Raum für sein Spiel bekomme.

Das Wort »Spiel« ist schnell gesagt, aber sehr reich an Inhalt. In gewisser Weise bedeutet es die ganze spontankindliche Betätigung. Es meint Tätigkeit, die nicht von einem außerhalb seiner liegenden Zweck, sondern von einem im Geschehen selbst liegenden Sinn und Impuls bestimmt ist. Es ist in sich selbst verlaufende Handlung, worin das Leben sich frei entfaltet; Symbol, das sich deutend des Daseins bemächtigt; Zeremoniell, welches die kindliche Einheitswelt verwirklicht. So wäre Wichtiges zu sagen; und es muß mit Nachdruck darauf hingewiesen werden, wieviel der Erwachsene, der selber nicht mehr spielen kann, hier verdirbt: durch falsche Zwecklichkeit und Vernunfthaftigkeit; durch Gesichtspunkte der Ertüchtigung und Berufsvorbereitung; durch den technischen Charakter des Spielzeugs, und so fort[3]. Der Erzieher muß der kindlichen Spontaneität Raum schaffen. Ein schönes Beispiel dafür ist die Lebensarbeit der großen Pädagogin Maria Montessori. Wie sie dem schöpferischen Element im Kinde zur Entfaltung hilft, vergißt man nicht mehr, wenn man einmal in einer nach ihren Gesichtspunkten geleiteten Schule gewesen ist.

Der Erwachsene soll das Kind nicht drillen, sondern ihm helfen, daß es Kontakt mit der eigenen Lebensinitiative und Mut zu sich selbst bekomme. Er soll dafür sorgen, daß die Hut, die es umgibt, sich langsam lockere; es wohl das Bewußtsein des Rückhalts habe, andererseits aber die Ablösung sich vorbereite, und so weiter.

[3] In diesem Zusammenhang mag darauf hingewiesen werden, welchen Schaden die neueste Mode der Kinderkunst anrichtet, wenn durch Ausstellungen, Publikationen, Wettbewerbe das, was unbelauerte und ungetriebene Auswirkung kindlichen Spieltriebs sein soll, ins Bewußtsein gestellt wird – oft genug nichts als ein neues Feld der Spezialistik Erwachsener.

Die zentralen ethischen Werte liegen in dem, was man »Charakter« nennt: in den Forderungen der Wahrhaftigkeit, Ehrenhaftigkeit, Treue; des Mutes und Dazustehens. Es sind die eigentlich personalen Werte, die in der Erziehung oft zu kurz kommen.
Es sind jene Werte, deren der zu sich kommende junge Mensch besonders bedarf; deren Notwendigkeit er besonders empfindet, deren Forderung er aber auch gern ausweichen möchte. Es sind die Kernwerte der Personalität, durch deren Verwirklichung sich recht eigentlich der sittliche Mensch aufbaut, die aber auch ebendeshalb die größte Überwindung kosten.
Fügen wir hinzu, daß sie aber auch jene Werte sind, die der Erzieher – der durchschnittliche, der gern den Weg des geringsten Widerstandes geht – oft als unbequem empfindet. So ist er leicht geneigt, sie zu entmutigen, und statt ihrer Bravheit, Korrektheit, Folgsamkeit und dergleichen zu verlangen.
Dabei muß er sich klar sein, daß die stärkste Einwirkung nicht von dem ausgeht, was er redet, sondern von dem, was er selbst ist und tut. Das schafft die Atmosphäre; und das Kind, das ja nicht, oder nur wenig reflektiert, nimmt vor allem atmosphärisch auf. Man kann sagen: Das erste Wirkende ist das Sein des Erziehers; das zweite, was er tut; das dritte erst, was er redet.

Das Ethos dieser Aufgabe ist also außerordentlich anspruchsvoll. Im Maß es erfüllt wird, wird die Krise der Pubertät erleichtert.
Die Schwierigkeiten dieser Krise bestehen in der inneren Unsicherheit, im Wissen und Doch-nicht-Wissen, Selberseinwollen und Noch-nicht-Können.

Daraus entsteht die Rebellion, von der wir sprachen, die ja bedeutet, daß die personale Initiative sich selbst befreien will, aber zugleich hilfos ist. Ebenso die Heimlichkeit, von welcher die Rede war; in der sich das Gefühl auswirkt, von der eigenen Vitalität her etwas zu wollen und zu sollen, zugleich aber das Gefühl, damit dem Willen der Eltern oder Erzieher entgegenzuhandeln. Je mehr das Kind von Anfang an zu ruhiger Selbständigkeit geführt worden ist, desto vertrauensvoller geht es in die Krise hinein und desto leichter übersteht es sie.

IV

Im Zusammenhang mit alledem sind die spezifischen Aufgaben des jungen Menschen, das heißt, des durch die Pubertätskrise Hindurchgegangenen, mündig Werdenden oder Gewordenen, verständlicher.

Wieder stellt sich ein Wertbild dar, das verschiedene Einzelmomente enthält: Wahrhaftigkeit, Mut, Reinheit, Loyalität, Ehre, Ordnung, Sorgfalt, Arbeit, und so weiter. Auch es hat eine Mitte, eine Dominante, und zwar besteht sie darin, daß der junge Mensch sich selbst übernimmt – das Wort in dem Sinne gemeint, wie wir von der Übernahme einer Aufgabe sprechen. Er nimmt sich selbst an. Er steht zu sich selbst. Er tritt in die Verantwortung für sich – vor der bestehenden Ordnung wie auch vor seiner Person.

Beides ist wichtig. Beginnen wir mit dem Zweiten, weil es heute besonders gefährdet erscheint. Die ethische Front liegt heute nicht mehr, wie noch zwischen den Kriegen, gegen den Individualismus, also die ungeordnete Durchsetzung des eigenen

Rechtes und der eigenen Art, sondern gegen den Kollektivismus, das Aufgesogenwerden durch die Totalitäten. Überall sind Organisationen, die sich des Einzelnen bemächtigen. Überall tritt ihm ein Denken entgegen, das die Geschichte als einen notwendigen Prozeß versteht, in welchem der Einzelne nur Element ist. Dem gegenüber muß gesehen werden, daß die Menschlichkeit der Ganzheiten darin besteht, daß sie aus selbständigen Personen gebildet sind, diese achten und ihnen Raum geben; die Menschlichkeit der Geschichte aber darin, daß sie mit jedem Einzelnen neu beginnt...

So besteht das Ethos dieses Lebensalters im Mut zu sich selbst: zur eigenen Person und ihrer Verantwortung; zum eigenen Urteil und eigenen Werk; zur eigenen Vitalität und ihren in die Zukunft führenden Kräften... Die größte Gefahr für den werdenden Menschen ist das »Man«: das anonyme Schema, wie man zu denken, zu urteilen, zu handeln habe, getragen durch Parteien, Zeitungen, Radio, Kino; der Zwang der Maßnahmen und Normierungen, der Behörden und Organisationen, der Staatsgewalt mit ihren Eingriffen in das individuelle Leben. Sobald das alles überwiegt, wird die Person ohnmächtig. So muß der junge Mensch lernen, selbst zu denken, selbst zu urteilen. Er muß ein gesundes Mißtrauen gegen die fertigen Rezepte theoretischer wie praktischer Art bekommen. Er muß sich in seiner Freiheit behaupten. Damit ist natürlich nicht Willkür und Zuchtlosigkeit gemeint. Und wir tun gut, etwas zu bedenken: Je intensiver die Suggestivkraft anonymer Meinungsbeeinflussung, je gewalttätiger der Griff des Staates nach der Persönlichkeit und ihrem Leben werden, desto schwächer wird die eigentliche Ordnung, denn die entsteht aus Freiheit und Verantwortung. Zwang und Suggestion sind das Gegenteil von Ordnung: sie packen nur von außen. In ihnen wird der Mensch in Wahrheit immer chaotischer, immer unfähiger zu echter Form. Gewalt und Suggestion rufen als Gegenwirkung die Anarchie hervor. Man hat von der beständigen Revolution als dem Mittel des Fortschritts gesprochen. Das war sehr oberflächlich gedacht. Richtig ist, daß die beständige Revolution das dialektische Gegenphänomen zur wachsenden Gewalt ist. Die überall an Formen wie an Greifkraft wachsende Organisation ist Schein und verdeckt ein ebenfalls wachsendes Chaos. Im Menschen unserer Zeit ist die Anarchie, und sie wird immer stärker... Das zu sehen und sie von der echten Selbstbehauptung zu unterscheiden, ist eine wichtige Aufgabe der Lebensphase, von der wir sprechen.

Es wurde bereits gesagt, daß ihr etwas Wesentliches fehlt, das da sein muß, wenn mit Zuständigkeit und Zuverlässigkeit gedacht und geurteilt, geplant und gehandelt werden soll, nämlich die Erfahrung. Zur Struktur dieser Lebensphase gehört die Reinheit der Gesinnung, die Leidenschaft der Idee, die Unbedingtheit des Dazustehens – noch nicht aber das Wissen darum, wie die Dinge des Lebens in Wahrheit sind und gehen. Aus dem einfachen Grunde, weil dazu die Gelegenheit und die Zeit gefehlt hat – aber auch, und das ist noch wichtiger, die innere Fähigkeit, zu sehen und das Gesehene zu verarbeiten. So ist der junge Mensch auf die Erfahrung der anderen angewiesen. Was bis zur Reife eine so große Rolle gespielt hat, nämlich die Erziehung, kommt jetzt in einer neuen Weise wieder, nämlich als das Wort des Erfahrenen, der sagen kann: die Dinge sind so und so; die

Geschehnisse laufen so und so; berücksichtige das... Dadurch wird natürlich die eigene Erfahrung nicht ersetzt; das alte Wort sagt, jeder müsse seine Dummheiten selber machen. Aber es ist eine echte ethische Forderung, die Erfahrung des Anderen zu nützen. Wir haben also hier wieder ein dialektisches Verhältnis, in welchem der Mut zu sich selber und das Wagnis ins Neue mit der Orientierung am Gegebenen und der Nutzung fremder Erfahrung zusammengehen. Das bedeutet nichts Philiströses; keine langweilige Mittelmäßigkeit, sondern etwas sehr Lebendiges, nämlich ein spielendes Gleichgewicht.

Es ist das, was die Ethik des Aristoteles die »*mesotes*«, das Halten der Mitte, genannt hat. Das griechische Volk war alles andere als mittelmäßig; es war vielleicht das leidenschaftlichste und gefährdetste von allen. Um so dringlicher hat ihm sein Instinkt nahegelegt, das Gleichgewicht zu gewinnen, um zwischen den Abgründen gehen zu können: die »*sophrosyne*«. Das ist ihm denn auch in vielem gelungen – und es sind große Dinge daraus entstanden – im Letzten nicht. Denn bei aller Bewunderung der griechischen Herrlichkeit dürfen wir nicht vergessen, daß es die größte ihm aufgegebene Leistung, nämlich den Aufbau eines griechischen Gesamtstaates, nicht vollbracht hat. Aufs Ganze gesehen, hat es das Maß nicht gefunden, darum ist es Mazedoniern und Römern anheimgefallen. Hieran mögen wir sehen, wie groß das ist, worum es sich handelt: das zuversichtliche Hineingehen ins eigene Leben, in Schicksal und Werk – und zugleich das Nützen der Erfahrung Anderer, bis langsam die eigene stark genug geworden ist, um zu tragen.

Und lassen Sie mich noch einmal darauf hinweisen, wie wichtig dieses Ineinander gerade in der jetzigen Weltstunde ist, in der auf der einen Seite die totalitären Tendenzen dem Menschen die eigene Initiative auszulöschen bestrebt sind, auf der anderen Seite eine wilde Negation, eine aus der Ratlosigkeit kommende Rebellion gegen alles Überlieferte herrscht. Totalismus und Anarchie sind ja die beiden Seiten ein und der gleichen Gefahr.

Die Krise durch die Erfahrung

I

Wir haben im Voraufgehenden vom Wesensbild des jungen Menschen gesprochen und dann, in einheitlichem Fortgang, das ethische Problem des Kindes und des jungen Menschen ins Auge gefaßt.

Zu Eingang des ganzen Abschnitts wurde gesagt, daß zwischen den Lebensaltern Krisen liegen. Die Lebensalter selbst stellen Grundformen des menschlichen Daseins dar. Charakteristische Weisen, wie der Lebende auf dem Wege von der Geburt zum Tod Mensch ist. Weisen des Empfindens, der Einsicht, des Verhaltens zur Welt. Diese Bilder sind so stark charakterisiert, daß der Mensch im Gang seines Lebens nicht einfach aus dem einen in das andere hinübergleitet, sondern der Übergang jeweils eine Ablösung bedeutet, deren Vollzug schwierig bis zur Gefährdung werden kann. Er kann längere oder kürzere Zeit in Anspruch nehmen; kann mit Heftigkeit, aber auch mit einer relativen Gleichmäßigkeit vor sich gehen; kann gelingen, aber auch mißlingen – letzteres so, daß die ausgelebte Phase festgehalten wird und dadurch die folgende zu kurz kommt; aber auch so, daß die jeweils aktuelle Phase um der kommenden willen verdrängt oder vergewaltigt wird.

Ein solcher Übergang, beziehungsweise eine solche Krise liegt auch zwischen der Lebensphase des jungen Menschen und der darauf folgenden, die wir jene des mündigen Menschen nennen wollen. Und zwar hängt sie mit dem zusammen, was wir schon im Voraufgehenden öfters berührt haben, nämlich der Erfahrung.

Zum Wesensbild des jungen Menschen gehört der Elan des aufsteigenden Lebens; das rasch zunehmende Bewußtsein von der eigenen Persönlichkeit, den eigenen Kräften, der eigenen Vitalität. Die psychologische Wirkung dieses Elans ist das Gefühl unendlicher Möglichkeiten: dessen, was der künftige Mensch sein wird und leisten, und was das Leben ihm schenken mag. Dazu gehört die Unbedingtheit der Ideen und Gesinnungen; die Absolutheit der Stellungnahmen; die Kompromißlosigkeit des Verhaltens – verbunden mit der Überzeugung, die Wirklichkeit des Daseins könne von da aus erfaßt und gemeistert werden.

In Wahrheit bedeutet das aber, daß diese Wirklichkeit überschwungen wird. Sie wird gar nicht richtig gesehen – weder die Wirklichkeit des eigenen Seins, dessen, was es kann und nicht kann, seiner fördernden und störenden Momente, noch die der Umgebung, der wirtschaftlichen und sozialen Zustände, der Gesinnung der anderen Menschen, der von ihnen ausgehenden Förderungen und Widerstände, und so weiter.

Die ganze Haltung ist idealistisch, das Wort im positiven wie negativen Sinne genommen.

II

Nun aber tritt die Wirklichkeit allmählich ins Bewußtsein.

Vor allem dadurch, daß das idealistische Verhalten zu Mißerfolgen führt. Der junge Mensch erfährt, daß er vieles, was er zu können glaubte, nicht kann – dafür aber vielleicht anderswo in ihm wirkliches Können ist, unscheinbarer, weniger interessant und umstürzend, aber echt. Er erfährt die ebenso elementare wie spät gesehene Tatsache, daß die anderen ebenfalls ihre Initiative haben, Ideen, Gesinnungen, Werkwillen; daß sie ebenfalls vorstoßen und nicht bereit sind, sich in eine fremde Initiative einordnen zu lassen.

Er erfährt, wie kompliziert die Dinge sind, wie wenig man mit einfachen Normen durchkommt, es vielmehr immerfort heißt: einerseits – andererseits... Er merkt, wie irreal oft die absoluten Prinzipien sind; daß daher immer wieder vollzogen werden muß, was zu vollziehen der junge Mensch sich so schwer entschließen kann, nämlich Kompromisse, in denen die Möglichkeit der Verwirklichung mit Abstrichen an die Absolutheit der Forderung erkauft wird.

Er erfährt, daß die Wirklichkeit des sozialen, politischen, wirtschaftlichen Lebens, die er aus der Unbedingtheit der Idee und der Reinheit der Gesinnung heraus ändern will, viel zäher ist, als er gedacht hat. Das Richtige wird gesehen und gesagt, aber deshalb noch nicht angenommen. Dummheit, Selbstsucht, Teilnahmslosigkeit sind ungeheuer stark. Erzielte

Änderungen an den bestehenden Zuständen schnellen leicht wieder zurück.
Die gleiche Erfahrung macht er auch mit sich selbst. Die Tatsache, daß er etwas für recht erkannt hat, bedeutet noch in keiner Weise, daß er es auch tut. Immer wieder versagt er. Immer wieder ergibt die ethische Bilanz, die er bei sich selbst anstellt, ein Minus. Einen Fehler wirklich abzulegen, eine Schwäche zu überwinden, eine für richtig erkannte *»aretē«*, »Tugend« zu gewinnen, ist sehr schwer.
Er erfährt, wie armselig das Dasein oft ist. Entmutigend kommt ihm zu Bewußtsein, was das heißt: »Durchschnitt« und »Alltag«; wie selten die wirklichen Begabungen und bedeutenden Leistungen sind, ebenso wie die großen Geschehnisse, im Guten und im Schlimmen.
Er entdeckt, was das Faktische bedeutet. Jenes, das nicht sein muß, aber ist. Das nicht aus Prinzipien abgeleitet und daher auch nicht von Prinzipien her bezwungen werden kann; das aber dasteht, mit dem gerechnet werden muß, und über das nur die langsame Arbeit Herr wird... Er entdeckt jene Kraft, welche die Vorbedingung alles dessen ist, was Verwirklichung heißt, nämlich Geduld.

Daraus kommt eine Erschütterung dessen, was bisher für so fest und sicher gehalten und durch die Unbedingtheit der Gesinnung bejaht worden war. Offenbar hat etwas gefehlt, nämlich die Erfahrung; und von diesem Fehlen her ist alles irgendwie falsch geworden. So wird eine Umlagerung notwendig. Ein Lebensbild, das zu seiner Zeit richtig war, lebt sich aus und ein neues muß gewonnen werden.

Das kann mißlingen, und zwar in verschiedener Weise. Es kann sein, daß der voranlebende junge Mensch an der bisherigen Haltung festhält. Dann verfällt er dem Absolutismus; wird doktrinär, ein Fanatiker der Prinzipien, der nichts anerkennt, sondern an allem kritisiert. Oder er wird zum ewigen Revolutionär, der es nirgendwo zu einer echten Leistung bringt, weil er den Kontakt mit dem Gegebenen nicht findet; nicht zu würdigen weiß, wie eine wirkliche, nicht nur phantasierte Leistung aussieht, und seine eigene Unfruchtbarkeit mit einem immer neuen Andersmachen zu kompensieren sucht. Er wird zum beständigen Enthusiasten, dessen Gefühl keinen Bezug zum Seienden hat und daher in eine irreale Sphäre gerät[4].

Das Mißlingen kann aber auch so verlaufen, daß der junge Mensch mit seiner Unbedingtheit von Idee und Gesinnung vor der Wirklichkeit kapituliert – der schlechten Wirklichkeit aber; dem, was »Alle« sagen, was der Durchschnitt will. Daß er der falschen Erfahrung, dem Erfolg verfällt und nur noch nach dem Nutzen und dem Genuß fragt... Dann entsteht der Mensch, der jedem wirklich Strebenden und Hoffenden sagt, man müsse »Realist« sein; das Leben nehmen, wie es ist; sehen, wie man sich durchschlage; sich seine Position schaffen; genießen, was genossen werden kann, und so weiter.

In beiden Fällen ist der Überschritt nicht gelungen. Er würde darin bestehen, daß die Erfahrung gemacht und angenommen – zugleich aber die Überzeugung

[4] Das große literarische Beispiel ist Faust, der aus dem Jünglingsalter, dessen objektive Form die Magie ist, nie herauskommt, und dem man daher den Ernst seiner späteren Ingenieurtätigkeit nicht glaubt.

von der Gültigkeit der großen Idee, die Verpflichtung gegen das Rechte und Noble festgehalten wird. Daß die Überzeugung bleibt, nein, sich überhaupt erst wirklich begründet, es komme letztlich nicht darauf an, Geld und Macht zu gewinnen, sondern etwas Wertvolles zu leisten und aus sich selber einen rechten Menschen zu machen.

Der mündige Mensch

I

Geschieht das, dann bildet sich eine neue Lebensfigur heraus, die wir die Phase der Mündigkeit nennen wollen – der personalen, nicht der biologischen oder juridischen.

Sie ist dadurch begründet, daß der Mensch in der Person und ihrer Gesinnung wie in der Wirklichkeit Stand gefaßt hat. Daß er entdeckt hat, was das heißt, stehen zu können, und entschlossen ist, es zu verwirklichen.

Nun entwickelt sich das, was Charakter heißt: die innere Festigung der Person. Sie ist nicht Starrheit, keine Verhärtung der Gesichtspunkte und der Haltungen; besteht vielmehr im Zusammenschluß des lebendigen Denkens, Fühlens, Wollens mit dem eigenen geistigen Kern.

Bestimmte Werte bekommen jetzt eine besondere Bedeutung: die Zuverlässigkeit in dem, was man übernommen hat; das Stehen zum gegebenen Wort; die Treue gegenüber dem, dessen Vertrauen man angenommen hat; die Ehre als das unbeirrbare Gefühl für das, was recht und was unrecht, was vornehm ist

und was gemein; die Fähigkeit, im Wort, im Verhalten, in der Leistung, in den Dingen zwischen Echt und Unecht zu unterscheiden...
Es ist die Zeit, in welcher entdeckt wird, was Dauer heißt. Sie bedeutet das, was im Strom der Zeit Verwandtschaft mit dem Ewigen hat: was baut, aufrecht hält, trägt, fortführt. In dieser Zeit entdeckt der Mensch auch, was das heißt: Gründen, Verteidigen, Tradition schaffen. Er entdeckt, wie unfruchtbar, aber auch wie armselig es ist, wenn immer wieder die vom Voraufgehenden herkommende Wirkungslinie verlassen und neu angefangen wird[5].

II

Jetzt entsteht das, was man »den Mann« nennt, »die Frau«. Die charaktervolle männliche und weibliche Persönlichkeit, auf die das Leben sich verlassen kann, weil sie aus der Unmittelbarkeit der Impulse und dem Fließen der Gefühle in das durchgedrungen ist, was gilt und dauert. Es gehört zu den gefährlichen Symptomen unserer Zeit, daß ihr Bild schwächer zu werden scheint.

[5] Hier heraus eine der verhängnisvollsten Unzulänglichkeiten des deutschen Wesens. Wenn Sie nur einmal das Bild der deutschen Geschichte betrachten, wie es sich durch anderthalb Jahrhunderte vom Wiener Kongreß und den Versuchen der Einigung Deutschlands in der Mitte des Jahrhunderts, über die Reichsgründung von 1871, zu alledem, was sich nachher in einem beständigen Abbrechen und Neuanfangen zeigt, dann sehen Sie die Wichtigkeit des Gemeinten.
Es gibt einen Dichter, der zwar nicht zu den größten gehört, aber einen besonderen Rang der Wahrheit und Lauterkeit hat: Adalbert Stifter. Sein Werk ist im wesentlichen diesen Werten des Charakters, der Treue zu sich selbst und zum Werk, der Dauer in Gründung, Fortführung, Reifung gewidmet.

Hiermit hängt auch zusammen, daß die Familie zerfällt. Um wirklich Vater, wirklich Mutter zu sein, genügt es nicht, zeugen und gebären zu können. Dazu gehört die innere Festigkeit, die stille Kraft des Ordnens, Festhaltens, Fortführens, auf der sich aufbaut, was Familie und Heim heißt. Darum kann ja von überall her die öffentliche Gewalt in diesen Urbereich hineingreifen, weil jene, welche die Familie tragen, weithin keine wirklichen Männer und Frauen sind; auch gar nicht den Willen haben, es zu werden.

Von hierher entstehen auch die Existenzformen der Lager, der öffentlichen Erziehungsinstitute, der Boardinghouses, in denen an die Stelle des Heims die Sammelstelle, die Anstalt und das Hotel tritt. Das Fehlen jener Qualitäten erzeugt den seltsamen Eindruck, den man heute so oft hat: daß das Dasein, bei aller Unabsehlichkeit des Wissens, aller Ungeheuerlichkeit der Macht und Exaktheit und Technik im Grunde von Unerwachsenen regiert werde. Und daraus die tiefe Sorge, ob Menschen, die so schwer zur echten Verwurzelung in sich selbst gelangen, fähig sein werden, ihre eigene Macht menschlich zu beherrschen, oder ob sie ihr und ihren kollektiven Trägern, dem Staat, den Gewerkschaften, den Managern der öffentlichen Meinung verfallen.

Die Krise durch die Erfahrung der Grenze

I

Auch diese Existenzform kommt in eine Krise. Bevor wir aber mit ihrer Beschreibung beginnen, muß ich etwas vorausschicken.

Wir unterscheiden in unserer Darstellung nur die Hauptphasen, weil wir keine Möglichkeit haben, tiefer ins Einzelne zu gehen. Und nun bin ich mir nicht darüber klar, ob das, was jetzt behandelt werden soll, wirklich eine solche, oder nur eine Vertiefung der voraufgehenden Phase bedeutet – beziehungsweise eine Gliederung von ihr, so, wie das Großkind gegenüber dem Kleinkind eine Gliederung des Kindesalters überhaupt darstellt.
Wir rühren hier an eine der Hauptschwierigkeiten einer solchen Phänomenologie des Lebensverlaufes, wie wir sie hier unternommen haben. Sie ruht auf der Dialektik zwischen Phase und Ganzheit; so kommt es bei der Gliederung oft auf das Gewicht an, welches man dem Ganzen gegenüber dem Gesamtverlauf zuerkennt.
Wollen Sie also bitte selbst überlegen, wie Sie die Dinge sehen. Dabei wende ich mich vor allem an die Älteren von Ihnen, die in ihrer eigenen Erfahrung bereits einen Anhaltspunkt für eine solche Überlegung haben.

Wenn wir die Phase, um die es sich zuletzt gehandelt hat, zeitlich umschreiben wollen, dann werden wir sagen, sie reiche etwa vom Ende der zwanziger Jahre bis Mitte der vierziger... Selbstverständlich sind das fließende Grenzen; es gibt vielerlei Momente, unter deren Einfluß sie früher oder später einsetzen beziehungsweise enden kann.
Es ist die Phase der vollen Kraft; getragen vom Bewußtsein, daß echt nur die Verbindung der wahr gedachten Idee mit der richtig gesehenen Wirklichkeit ist; eine Einheit unbedingter Gesinnung mit dem Wissen um die Komplikationen, das Schwankende

und Armselige der menschlichen Zustände... Physiologisch ist es die Zeit, in welcher der Elan der Jugend sich verlangsamt, zugleich aber eine Tiefe und Entschiedenheit in ihn hineinkommt. Die Zeit, in welcher die Produktivkräfte geistiger und vitaler Art am unmittelbarsten strömen.

Es ist auch die Zeit, in welcher der Mensch am bereitesten ist, Lasten auf sich zu nehmen, sich Arbeit zuzumuten, Kraft und Zeit ins Werk zu werfen, ohne zu sparen.

II

Dann aber setzt die Krise ein: nämlich ein immer deutlicheres Gefühl für die Grenzen der eigenen Kraft. Der Mensch erfährt, daß es ein Zuviel gibt, an Arbeit, an Kampf, an Verantwortung...

Die Arbeitslast häuft sich. Die Anforderungen werden immer größer. Hinter jeder tauchen wieder neue auf, und man sieht kein Ende... Denken wir daran, was es bedeutet, ein Heim aufrecht zu halten; eine Familie zum Gedeihen zu führen; einen Beruf zu verwirklichen; einen Betrieb zu leiten; öffentliche Funktionen zu erfüllen. Was darin alles an Personen, Dingen, Kräften, Ordnungen steckt; welche Spannungen, Schwierigkeiten, Widerstände sich geltend machen. Das alles strebt beständig, auseinander zu rinnen; jedes Element steht ja schon in einer eigenen, sei es naturhaften, sei es personalen Teleologie. So muß es durch eine immer neue Anstrengung, durch Klugheit, Wachsamkeit, selbstloses Ausgleichen, Verzicht zusammengehalten werden.

Das kommt langsam zu Bewußtsein, und während zuerst ein Gefühl von Reserven, Kraft, Initiative und Einfallsfähigkeit lebendig war, dringt nun das der

Grenze durch. Die Erfahrung der Müdigkeit stellt sich ein: daß es zu viel wird; daß man ruhen möchte; daß man anfängt, vom Kapital zu zehren – besonders in Augenblicken, wenn die Arbeit sich allzu sehr häuft; die Anforderungen zu groß werden; die Schwierigkeiten unüberwindlich scheinen.

Die Illusionen vergehen; und nicht nur jene, die das Wesen der Jugendlichkeit ausmachen, sondern auch jene, die daraus kommen, daß das Leben noch den Charakter der Neuheit hat, noch nicht ausprobiert ist.

Bisher haben der Ernst, die Entschlossenheit, die Verantwortung für das Gründen, Bauen, Kämpfen das Bewußtsein bestimmt. Nun verliert das alles seine Frische und Neuheit, sein Interessantes und Anspornendes. Man weiß allmählich, was das ist: das Arbeiten und Kämpfen. Weiß, wie die Menschen sich benehmen, wie die Konflikte entstehen, wie ein Werk ansetzt, sich entfaltet und fertig wird, wie eine Menschenbeziehung sich entwickelt, eine Freude erwacht und zerrinnt...

Der Reiz der frischen Begegnung, des neu Unternommenen verliert sich. Das Dasein bekommt den Charakter des bekannten. Der Mensch weiß Bescheid. Er bekommt das Gefühl, die Dinge wiederholten sich. Das ist natürlich nicht ganz richtig, denn wir sprachen schon einmal davon, daß nichts sich wiederholt. Der Weisheitssatz: »alles ist schon da gewesen«, kann auch umgedreht werden: »nichts war schon so da«. Das Moment der Bekanntheit, der Einförmigkeit dringt aber im Gefühl durch. In allem macht sich die Routine fühlbar.

Immer mehr enthüllt sich die Armseligkeit des Daseins. Man erlebt Enttäuschungen an Menschen, auf

die man Hoffnung setzte. Die Allgemeinheit offenbart eine Stumpfheit und Gleichgültigkeit, ja eine Böswilligkeit, die man früher noch nicht sah. Man sieht hinter die Kulissen und merkt, daß die Dinge viel kümmerlicher sind, als man gedacht hat.
Der Überdruß meldet sich. Das, was die Alten das »*taedium vitae*« genannt haben; jene tiefe Enttäuschung, die nicht aus einem einzelnen Anlaß, sondern aus der ganzen Breite des Lebens kommt. Die Technik, welche das Leben uns gegenüber anwendet, besteht doch darin, daß es am Anfang viel verspricht. Besonders die Zeit der Pubertät und der Jugendlichkeit empfindet diese unendliche Verheißung. Dadurch wird der Mensch ermutigt – Pessimisten von der Art Arthur Schopenhauers sagen: er wird verlockt – in die Unbekanntheit des Lebens hineinzugehen; die Verpflichtungen auf sich zu nehmen, die in der Freundschaft, der Liebe, der Berufswahl liegen.
Im Fortgang des Lebens wird die Kraft dieser Verheißung immer schwächer. Der Blick sieht schärfer; das Herz traut weniger. Es wird immer deutlicher, daß die Versprechungen nicht gehalten werden; das Gewährte nicht aufwiegt, was man eingesetzt hat. Daraus kommt allmählich die große Ernüchterung, die sich in jedem Leben vollzieht. Und nicht nur bei solchen, denen es viel versagt, sondern auch bei solchen, denen es viel schenkt; von denen die Umgebung meint, sie seien vom Glück begünstigt und hätten Bedeutendes geleistet. Denn was das Sinngewicht des Lebens ausmacht, ist ja nicht das Extensive, das Quantum, sondern das Intensive, die Kraft des fühlenden Erlebens.

Aus alledem zieht sich eine Krise zusammen. Und die Entscheidung geht darum, ob diese Ernüchterung und Enttäuschung, diese Erkenntnis von der Kümmerlichkeit des Daseins die Oberhand bekommt; der Mensch zum Skeptiker und Verächter wird und nur noch mechanisch das Notwendige vorantut, weil er leben muß – vielleicht auch sich gewaltsam in einem Optimismus versteift, den er zutiefst nicht fühlt; Arbeit auf Arbeit häuft, geschäftig in allem seine Hände hat; ob er jene Torheiten begeht, die für diese Phase charakteristisch sind, etwa anfängt, zu spielen oder zu spekulieren, aus der Familie ausbricht, gewagte Unternehmungen oder politische Aktionen unternimmt, alles nur, um aus der Monotonie hinauszukommen und wahrscheinlich zu versagen – oder ob er jene Bejahung des Lebens vollzieht, die aus Ernst und Treue kommt, und ein neues Gefühl für den Wert des Daseins gewinnt.

Der ernüchterte Mensch

I

Geschieht das, dann beginnt die Lebensfigur des ernüchterten Menschen. Sie ist dadurch charakterisiert, daß der Mensch das, was Grenze heißt, die Eingeschränktheiten, Unzulänglichkeiten, Kümmerlichkeiten des Daseins sieht und annimmt.

Das bedeutet nicht, daß er das Unrechte, Böse, Gemeine gut nennte; die Unordnung, das Leiden, die Ausweglosigkeiten des Daseins übersähe; für reich erklärte, was armselig, für echt, was Schein, für

Erfüllung, was leer ist. Das alles wird gesehen, aber »angenommen« in dem Sinne, daß es nun einmal so ist und bestanden werden muß.

Er hört auch nicht mit der Arbeit auf, sondern führt sie in Treue fort: aus den Forderungen der Familie, des Berufes, der Allgemeinheit, denen er verpflichtet ist.

Er tut sie so richtig und genau wie vorher, trotz allem Mißlingen, weil der Sinn der Pflicht in ihr selbst liegt. Er setzt mit seinen Versuchen, zu ordnen und zu helfen, immer aufs neue an, weil er weiß, daraus, daß Menschen immer wieder das scheinbar Vergebliche tun, kommen die im einzelnen nicht kontrollierbaren Impulse, welche das so tief gefährdete Menschendasein erhalten.

II

In dieser Haltung liegt viel Zucht und Entsagung. Ein Mut, der nicht so sehr den Charakter der Kühnheit, als vielmehr den der Entschlossenheit hat.

Sie sehen, wie sich hier das vollendet, was Charakter heißt. Menschen dieser Art sind es, auf die sich das Dasein verläßt. Gerade weil sie nicht mehr die Illusion des großen Gelingens, der leuchtenden Siege haben, sind sie fähig, zu vollbringen, was gilt und bleibt. Solchen Wesens sollte der wirkliche Staatsmann sein, der Arzt, der Erzieher in all seinen Formen.

Hier entsteht der überlegene Mensch, der fähig ist, Gewähr zu geben. Und man darf den menschlichen Stand, wie auch die kulturelle Chance einer Zeit danach beurteilen, wie viele Menschen solcher Art es in ihr gibt, und wie weit sie Einfluß haben.

Die Krise der Loslösung

I

Dann setzt wieder eine Krise ein. Sie hängt mit dem Altern zusammen, und wir wollen sie den Vorgang der Loslösung nennen.

Das Leben eines Menschen, wie wir ihn zuletzt gezeichnet haben, ist von reichen Werten gesättigt. Durch ihn werden jene Leistungen vollbracht, die recht eigentlich dauern, weil er an den richtigen Stellen ansetzt, in den richtigen Zusammenhängen handelt und vom augenblicklichen Erfolg unabhängig wird. Ebenso wie er selbst, als Persönlichkeit, durch diese Entschlossenheit der Gesinnung und Nähe zur Wirklichkeit über seine eigenen Bedingtheiten hinauswächst.

So wird das Leben dichter und kostbarer.

Zugleich aber dringen neue Erfahrungen durch. Sie hängen mit dem Sinken des Lebensbogens zusammen; mit dem Bewußtsein des Endes.

Anfang und Ende sind geheimnisvolle Dinge. Der Anfang des Lebens, das Geborensein und Kindsein – Sie erinnern sich, daß wir davon gesprochen haben – meinen nicht, daß seine Bewegung von einem Ausgangspunkt ausgegangen wäre und ihn nun dahinten ließe, sondern dieser geht mit. Geburt und Kindheit sind ein lebendiges Element im Menschen: die individuelle Analogie zu dem, was in der Gesamtgeschichte die Ursprünge sind; das, was in den Mythen der

Gründung und in der Gestalt der Ahnen verehrt wird. Dieses Moment wirkt durch das ganze Leben hindurch, bis in das letzte Ende...[6]
Umgekehrt aber wirkt das Ende vorauf bis in den ersten Anfang. Der Anhub der Melodie formt ihren ganzen Verlauf weiter; ebenso formt ihr Ende den ganzen Verlauf voraus. Das Leben ist keine Anstükkelung von Teilen, sondern ein Ganzes, das – etwas paradox ausgedrückt – an jeder Stelle des Verlaufs gegenwärtig ist.
So ist das Ende durch das ganze Leben hin wirksam: die Tatsache, daß der Lebensbogen sich senken und einmal aufhören wird; daß alles Geschehen sich auf einen Abschluß zu bewegt – einen Abschluß, den wir heute den Tod nennen. Doch kommt dieses Enden im Lauf des Lebens jeweils in verschiedener Weise zum Ausdruck – so, wie es dem Charakter der betreffenden Lebensphase entspricht... Das Kind weiß von ihm sehr wenig; das Moment des einstigen Todes wirkt sich bei ihm wahrscheinlich indirekt aus, etwa in seinem Lebenshunger und Schutzbedürfnis... Eigentümlich heftig kann das Gefühl vom Tode in der Phase des jungen Menschen zur Geltung kommen; da hat es aber mehr den Charakter einer tragischen Steigerung des Lebensgefühls. So ist denn auch der junge Mensch derjenige, der am leichtesten stirbt, weil die Fülle des Lebensanstiegs aus dem Sterben selbst ein Lebenselement macht... Am meisten neigt zum Vergessen des Todes jene Lebensphase, die wir die mündige genannt haben. Hier wird der Mensch von den unmittelbaren Forderungen derart in

[6] Wie dieses Weiterbestehen des Anfangs im Fortgang des Lebens zu denken sei, ist eine ebenso komplizierte wie interessante Frage, der wir aber hier nicht nachgehen können.

Anspruch genommen, ist seiner Kraft und Selbständigkeit so sicher, daß das Bewußtsein vom Tode bei ihm am leichtesten verdrängt wird... In der Phase des reifen Menschen dringt das Gefühl des Endes im Erlebnis der Grenze durch. Doch wird es da zu jener Entschlossenheit verarbeitet, von der wir vorhin sprachen. Es macht das Leben dicht, ernst und kostbar.

II

Dann aber wird es anders. Die Tatsache des Endens bringt sich elementar zur Geltung. Und zwar kann der Vorgang so beschrieben werden:

Vor allem wird die Vergänglichkeit fühlbar. Die Möglichkeiten werden überschaut: das Maß des Könnens sowohl wie dessen, was das Leben noch geben kann. Dadurch verschwindet jenes Moment, was den Charakter des Unendlichen – besser gesagt, des Immer-weiter-Gehenden – erzeugt, nämlich die Erwartung. Im Maße der Mensch alt wird, erwartet er immer weniger; im gleichen Maße wird das Gefühl des Vergehens intensiver. Die Erwartung streckt die Zeit; das Bescheidwissen zieht sie zusammen. Immer stärker wird die Empfindung, daß beständig etwas zu Ende ist: ein Tag, eine Woche, eine Jahreszeit, ein Jahr. Das Bewußtsein: was du jetzt tust, hast du gestern auch getan; was du heute erlebst, war vor acht Tagen da. Das alles macht, daß die dazwischen verlaufende Zeit einschrumpft. Das Leben gleitet immer schneller.

Ein zweites dahin wirkendes Moment kommt nicht aus der Zeit, sondern aus einer Veränderung der Geschehnisse selbst, beziehungsweise der Weise, wie sie erlebt werden: sie werden dünner. Damit ist nicht gemeint, daß weniger vor sich geht, oder es an Wert verliert, sondern daß es das Erleben immer weniger ausfüllt. Der Erlebende wird davon weniger ergriffen. Er nimmt es nicht mehr so ernst. Wohl in der Verantwortung, nicht aber im unwillkürlichen Gefühl. Deshalb vergißt auch der alternde Mensch immer leichter das, was jeweils geschehen ist, während das, was früher war, an Bedeutung gewinnt.

III

So wäre noch manches zu sagen. Doch genügt wohl das Angeführte, um die Krise zu charakterisieren, die sich zusammenzieht. Ob und wie der Einzelne sie besteht, hängt davon ab, wie weit er das Ende annimmt und den Hinweis befolgt, der aus der Vergänglichkeit und dem Dünnwerden der Dinge kommt.

Geschieht das nicht, dann entsteht der alte Mensch im schlimmen Sinn; genauer gesagt, jener, der nicht »alt« werden will.

Das kann so vor sich gehen, daß er vom nahenden Ende wegsieht; tut, als näherte es sich nicht. Daß er sich an das vergehende Lebensstadium klammert; sich stellt, als wäre er noch jung – woraus sich ebenso verhängnisvolle wie klägliche Konsequenzen ergeben. Es gehört zu den fragwürdigsten Erscheinungen unserer Zeit, daß sie wertvolles Leben einfachhin mit Jungsein gleichsetzt.

Ober aber er kapituliert vor dem Altwerden, gibt das Leben im Ganzen preis und klammert sich an das, was noch da ist. Daraus entstehen dann die schlimmen Erscheinungen des Altersmaterialismus, für den die

greifbaren Dinge alles werden: das Essen und Trinken, das Bankkonto, der bequeme Sessel. Der senile Eigensinn entwickelt sich; die Geltungssucht, das Tyrannisieren der Umgebung, welches die anderen quält, um daraus das Gefühl zu ziehen, man sei noch etwas. (Vgl. den übernächsten Abschnitt.)
Die positive Bewältigung der Krise besteht in der Annahme des Alterns. In der Annahme des Endens, ohne ihm weder zu verfallen – noch es gleichgültig oder zynisch zu entwerten.
Darin realisiert sich eine Gruppe sehr nobler und für das Ganze des Lebens wichtiger Haltungen und Werte: Einsicht, Mut, Gelassenheit, Selbstachtung, Aufrechterhaltung des gelebten Lebens, des geschaffenen Werkes, des verwirklichten Daseinssinnes...
Besonders wichtig: die Überwindung des Neides gegen die Jungen... des Ressentiments gegen das geschichtlich Neue... der Schadenfreude über die Mängel und das Mißlingen des Aktuellen...

Der weise Mensch

I

Geschieht das, dann entsteht das Lebensbild des alten – werthaft ausgedrückt, des weisen Menschen.
Wir können ihn so charakterisieren: es ist der, der um das Ende weiß und es annimmt. Damit ist nicht gesagt, daß er sich darauf freue – obwohl es als seltenen Fall sogar das gibt –, sondern die immer aufrichtiger werdende Bereitschaft zu dem, was sein muß.

Das Ende des Lebens ist selber noch Leben. In ihm verwirklichen sich Werte, die nur hier verwirklicht werden können. Durch seine Annahme kommt in die Haltung etwas Ruhiges und im existentiellen Sinn Überlegenes. Als man den Kardinal Carl Borromäus fragte, was er tun würde, wenn er wüßte, daß er in einer Stunde sterben müsse, antwortete er: »Ich würde das, was ich jetzt tue, besonders gut tun.« Hierin drückt sich diese Überlegenheit aus. Es ist die Überwindung der Angst, des Auskosten-wollens, des Sich-Eilens mit dem Rest, der noch gelebt werden kann, des Voll-Stopfens der kürzer werdenden Zeit mit Stoff... (Das Verhalten des Sokrates am Schluß des Phaidon.)

Aus dem Gefühl der Vergänglichkeit kommt aber auch etwas in sich selbst Positives: das immer deutlicher werdende Bewußtsein von dem, was nicht vergeht, was ewig ist. Wir können im Zusammenhang dieses Kollegs nicht näher darauf eingehen, was das ist. Es wird je nach der Lebensansicht des einzelnen einen verschiedenen Charakter haben.

Am wenigsten wert ist jene Deutung, die sagt: Ich werde in meinen Kindern oder in meinem Volk weiterleben. Sie verfälscht den Sinn des Gemeinten. Mehr noch: sie stellt es in den Dienst gerade des Vergehenden. Wer mit Ernst vom Ewigen redet, meint nicht das Immer-Weiter, ob das nun ein biologisches oder ein kulturelles oder ein kosmisches sei. Das Immer-Weiter ist die schlechte Ewigkeit; nein, es ist die Steigerung der Vergänglichkeit bis ins Unertragbare. Ewigkeit ist nicht ein quantitatives Mehr, und sei es unmeßbar lang, sondern ein qualitativ Anderes, Freies, Unbedingtes.

Das Ewige steht nicht in Beziehung zum Bios, sondern zur Person. Es hebt sie nicht im Immer-Weitergehen auf, sondern erfüllt sie im absoluten Sinn.
Das Bewußtsein von diesem Nicht-Vergehenden wächst in dem Maße, als das Vergehen in Aufrichtigkeit angenommen wird. Wer vor ihm davonläuft, es verdeckt oder verleugnet, bekommt es nicht zu Bewußtsein...
Entsprechendes gilt für das, was wir das Dünnerwerden des Daseins nannten. Darin wird deutlich, daß das Leben mehr meint, als sich selbst. Das Endliche wird transparent für das Absolute.

II

Aus diesen Erfahrungen kommt die Unterscheidung für Wichtig und Unwichtig; für Echt und Unecht; für den Zusammenhang des Daseins und für die Bedeutung, die die einzelnen Momente in ihm haben: Ausdrucksformen für das, was »Weisheit« heißt. Weisheit ist etwas anderes als scharfer Verstand oder praktische Lebensklugheit. Es ist das, was entsteht, wenn das Absolute und Ewige im endlich-vergänglichen Bewußtsein durchdringt, und von dort aus Licht auf das Leben fällt.
Hierin wurzelt die echte Wirksamkeit des Alters.
Es gibt zwei Arten von Wirksamkeit: die der unmittelbaren Dynamis, der Kraft des Meisterns und Ordnens, und die des Sinnes, der Wahrheit, des Guten. Im mündigen Menschen stehen beide in einem gewissen Gleichgewicht. Er soll leisten, kämpfen, durchsetzen – aber das Echte leisten, um das Richtige kämpfen, das Gute durchsetzen.

Im Laufe des Alterns läßt die Dynamis nach. Im Maße aber der Mensch die inneren Überwindungen vollzieht, wird er sozusagen durchsichtig für den Sinn. Er wird nicht aktiv, sondern strahlt aus. Er packt nicht, meistert, beherrscht, sondern macht den Sinn deutlich und gibt ihm durch die Selbstlosigkeit seiner Haltung eine besondere Wirksamkeit.

Hier muß etwas genauer gesagt werden, was bereits angedeutet wurde und für den heutigen Menschen wichtig ist. Er hat nämlich weithin vergessen, was wesenhafter Weise das Alter ist. An dessen Stelle hat er ein undeutliches Bild des Weiterlebens gesetzt. Darin bleibt die Lebensform des jungen Menschen die Norm. Das Altsein kommt nur in Einschränkungen zum Ausdruck – darin, daß es weniger leistungsfähig, weniger elastisch ist usf. Im Grunde ist danach der alte Mensch nur ein verminderter junger – alles das zusammenhängend mit dem Vertrauen auf die Kunst der Ärzte, das Leben zu verlängern; auf Heilmethoden, die magisch wirken sollen – die Schwindelkünste der Mode und der Kosmetik nicht zu vergessen. Was dabei herauskommt, ist Schein und Lebensbetrug.
Die Wirkung ist, daß die Werte des Alters auch im ganzen heutigen Lebensbild fehlen: die Weisheit in ihren verschiedenen Formen; die Verhaltensweisen, welche aus dem Durchsichtigwerden des Lebens, aus der Fähigkeit der Unterscheidung und des Urteils hervorgehen.
Je weniger aber das Alter gesehen und anerkannt ist, desto unbekannter wird auch die echte Kindheit. Die meisten Kinder sind Erwachsene in Miniaturformat. Wirkliche Kinder sind Menschenwesen, die in jener Einheit des Lebens existieren, von der wir früher

gesprochen haben. Zum Beispiel sind sie fähig, Märchen zu hören, das heißt, mythisch zu denken. Soweit aber heute überhaupt Märchen erzählt werden, werden sie rationalisiert oder ästhetisiert. Kinder sind fähig, zu spielen, Gestalten zu schaffen, Figuren des Lebens, Zeremonien. Statt dessen sehen wir überall die technisierten Spielzeuge, die ja in Wahrheit vom Erwachsenen her gedacht sind. Wenn aber einmal glücklich etwas wirklich Kindhaftes entsteht, man zum Beispiel gesehen hat, wie bedeutungsvoll Kinderzeichnungen sein können, dann werden Theorien dazu gemacht, Ausstellungen veranstaltet und Preise gegeben, und alles verdirbt.

Beides hängt zusammen. Das Altwerden wird zurückgeschraubt, und es entsteht das Idealbild des Menschen, der immer zwanzig Jahre hat, bei Männern wie bei Frauen – ein ebenso törichtes wie feiges Geschöpf. Auf der anderen Seite geht das Kind verloren, und an seine Stelle tritt der kleine Erwachsene, ein Geschöpf, in welchem die inneren Quellkräfte zum Versiegen gebracht werden. Beides aber bedeutet eine Verarmung des Lebens.

Der Eintritt ins Greisenalter

I

Wenn das Leben eines Menschen lange genug währt, dann bildet die Phase des alten oder weisen Menschen nicht die letzte, sondern auf sie folgt die des ganz alten oder senilen. In unseren bisherigen Überlegungen haben wir aber gesehen, daß jedem Hervortreten einer neuen Lebensphase eine Krise vorausgeht. So wollen wir uns vergewissern, ob das auch hier der Fall ist.

Wir erinnern uns, worin das Wesen jener besonderen Beunruhigungen bestand, die wir mit dem Wort »Krise« bezeichnet haben. Während eine Lebensgestalt noch in Kraft war, aber ausgelebt wurde, drängte eine andere vor und brachte sich zur Geltung. Die Abfolge der Phasen geht ja nicht so vor sich, daß die eine mit glattem Schnitt zu Ende ginge, während die nächste als Ganzes neu ansetzte. Diese bereitet sich vielmehr schon früher vor, als sie zur Herrschaft gelangt, ebenso wie die zu Ende gehende länger in Gestalt und Wirkung bleibt, als ihre Maßgeblichkeit dauert. Anderseits geht der Übergang aber auch nicht so vor sich, daß die erste Lebensphase sich allmählich in die folgende umwandelte, sondern jede der beiden behauptet sich als Gestalt. Daher muß die neue sich im Bereich der alten durchsetzen, und ruft eben jene Spannungen und Durchkreuzungen hervor, die wir als Krise bezeichnen.

So entsteht die Frage, ob wir auch die letzte Phase, wie sie sich im Lauf eines ganz ausgelebten Lebensganges verwirklicht, als echte Gestalt anzusehen und daher vor ihrer Ausbildung eine solche Krise zu vermuten haben.

II

Das scheint aber nicht der Fall zu sein. Was wir das Greisenalter nennen, scheint zunächst nur einen Verfall zu bilden. Aus ihm tritt dem Betrachter keine ursprüngliche Form positiven Lebens entgegen, die durch deutliche Wesenszüge charakterisiert wäre, eine eigene Produktivität aufwiese und darin eine besondere Wertfigur verwirklichte.

Was die Beobachtung als positiv feststellt, sind weiterwirkende Momente aus der Phase des weisen Menschentums. Ihren neuen Charakter gewinnen sie dadurch, daß sie einerseits sich vollenden, anderseits an ihnen Zeichen der Erstarrung, Entleerung, abnehmenden Koordination und so fort deutlich werden.

Dem scheint aber der Eindruck zu widersprechen, den die Persönlichkeit sehr alter Menschen nicht selten macht. Sie sind still von innen her. Sie haben eine Würde, die nicht aus Leistung, sondern aus Sein kommt. In ihrem Wesen wird etwas gegenwärtig, das kaum anders als mit dem Begriff des Ewigen bezeichnet werden kann.

In diesem Eindruck offenbart sich der Sinn der in Rede stehenden Lebensphase. Zweifellos ein reiner Wert – aber, wenn der paradoxe Ausdruck erlaubt ist, einer, der in der Erfüllung eben dessen besteht, was »Enden« heißt. In jener Voll-Endung, die nicht in der Aufgipfelung einer großen Tat, oder im Bestehen eines tragischen Schicksals, sondern im vollen Zu-Ende-Bringen der Aufgabe besteht, die das Dasein als solches, abgesehen von seinen Einzelleistungen, dem Menschen stellt. Dieses Enden reißt das Leben nicht ab, sondern geht in es ein, wird selbst zu »Leben«. Dadurch wird aber bestätigt, was wir vermutet haben: daß die Lebensstrecke des greisen Menschen keine eigentliche »Gestalt« bildet, sondern den Zerfall aller solchen, welcher Zerfall selbst freilich »richtig« oder »falsch« sein, die Voll-Endung, aber auch ein Zu-Grunde-Gehen bedeuten kann.

Daher kann auch von einer Krise in dem Sinn, wie wir das Wort bisher gebraucht haben, nicht gesprochen werden. Die letzte Phase des Lebens, die wir jene des senilen Menschen nennen wollen, setzt dann ein, wenn der Charakter des Weniger-Werdens und ebendamit der Abhängigkeit von den Anderen entscheidend durchdringt. Das kann plötzlich geschehen, etwa im Zusammenhang einer Erkrankung, die den Zerfall der Kräfte mit sich bringt. Es kann sich aber auch unmerklich vorbereiten und dann an irgend einem zufälligen Erlebnis deutlich werden: etwa wenn eine bis dahin mit Selbstverständlichkeit vollbrachte Leistung nicht mehr gelingt, oder eine Autoritätsstellung durch einen Anderen umgeworfen wird.

Der senile Mensch

I

Man hat von der Phase des Lebens, die auf den weisen Menschen folgt, gesagt, sie sei die zweite Kindheit. Das ist eine jener sentimentalen Unwahrheiten, mit denen man vor den Tatsachen des Lebens auszuweichen pflegt. In Wahrheit beschränkt die Ähnlichkeit des ganz alten Menschen mit dem Kinde sich auf recht äußerliche Momente: daß er nicht leistet, was der erwachsene Mensch zu leisten vermag und sich selbst nicht erhalten kann, vielmehr auf die Hilfe Anderer angewiesen ist... Das ist aber eine rein quantitative Bestimmung, die unter entsprechenden Änderungen auch auf andere Zustände, zum Beispiel den eines Schwerkranken oder Starkbeschädigten zutrifft. Der wahre Sinn dieser Phase ist ein anderer.

Gewiß ist das Kind schwächer als der Erwachsene, weniger fähig, sich zu schützen und durchzusetzen.

Bis auf gewisse Sonderbereiche seiner Kindlichkeit, von denen die Rede war, ist es einfachhin »weniger« als der Erwachsene und daher auf ihn angewiesen. Das alles aber in einem beständig abnehmenden Maß. Es steht am Anfang, und die Dominante seiner Wertfigur bildet das Wachstum. Sein Lebensvorgang ist ein Steigen; er führt »in die Höhe«. Dafür steht Zeit zur Verfügung: das Kind hat »Zukunft«. Der Ton seines Lebens ist daher, einigermaßen normale Bedingungen vorausgesetzt, die Erwartung; und diese Erwartung wird auch beständig erfüllt – wenigstens in dem Sinne, daß es sich immer weiter entfaltet und seiner selbst vergewissert[7].
Von diesem Charakter ist der der senilen Lebensphase nicht nur verschieden, sondern er widerspricht ihm einfachhin. Sein »Ton« besteht gerade darin, daß keine wirkliche, im Leben selbst liegende Erfüllung mehr erwartet wird. Alles ist nur »noch« da, und die Lebensbemühung geht darauf, das noch Vorhandene zu halten und den Vorgang des Abnehmens zu verlangsamen – so weit nicht eine Selbsttäuchung entsteht, die sich für die Wirklichkeit blind macht.

II

Die senile Lebensphase ist dadurch charakterisiert, daß alle Erfahrungsformen, Impulse, Tätigkeitsweisen an Ursprünglichkeit und Intensität abnehmen. Die Stärke und Tiefe der Triebe läßt nach; das Element der Leidenschaft verschwindet aus dem seelisch-körperlichen Gesamtbild. Die Aufnahmefähig-

[7] Von den sozusagen konstitutiven Enttäuschungen, die darin bestehen, daß das Leben nie hält, was es durch die Illusionen der Jugend verspricht, sehen wir hier ab.

keit der Sinne wird geringer; Organdefekte stellen sich ein; die Zuverlässigkeit und Feinheit der Wahrnehmung sinkt. Es wird schwer, sich an neue Situationen anzupassen; das Leben verfestigt sich; die Abläufe werden starr. Der Impuls des Kämpfens verschwindet. Der senile Mensch interessiert sich immer weniger für Neues. Er fühlt sich, je länger, desto seltener getrieben, etwas zu ändern, sondern will seine Ruhe. Über einen stets enger werdenden Kreis hinaus empfindet er kein Interesse für das allgemeine Lebensgeschehen; er wird gleichgültig.
Der Wunsch, die Schätzung und Sympathie anderer Menschen zu gewinnen, verliert sich. Auch daraus entsteht eine Gleichgültigkeit, die sich nicht mehr darum kümmert, welchen Eindruck das eigene Verhalten auf den Anderen macht – so weit sie nicht in ihre Gegenform umschlägt, und zwar in das Mißtrauen des schwächer Werdenden gegenüber dem Stärkeren, oder in eine Gefügigkeit, die Gunst erlisten will.

Die Gleichgültigkeit für den Eindruck, den das eigene Wesen und Verhalten auf den Anderen macht, verstärkt eine Wirkung, die ohnehin vom physischen Gesamtbild des senilen Menschen ausgeht. Es ist das Bild des Verfalls; vor diesem scheut aber das Gefühl des lebensfähigen Menschen zurück, um so mehr, je jünger er ist.
Eine entsprechende Wirkung übt auch das seelische Bild des senilen Menschen aus, wie es soeben gezeichnet wurde. Besonders charakteristisch ist darin der Altersmaterialismus, von dem bereits früher die Rede war. Die geistigen Fähigkeiten lassen nach; die Fühligkeit, Tiefe und Differenzierung des Seelischen neh-

men ab. Was am längsten wirksam bleibt, sind die auf das unmittelbar Materielle, auf Essen, Trinken, körperliche Bequemlichkeit gerichteten Impulse; nicht selten auch eine auf das bloß Physische bezogene sexuelle Begehrlichkeit.

Etwas Weiteres kommt hinzu. Der senile Mensch wird schwach und fühlt sich bedroht. So besteht seine Gegenwehr im Behaupten dessen, was er ist und hat: seines Besitzes, seiner Rechte, seiner Gewohnheiten, Ansichten, Urteile. Der senile Eigensinn entsteht; eine Zähigkeit des Festhaltens und Widerstehens, die bis zum Kleinlichsten und Törichtesten gehen kann. Ihr ist schwer zu begegnen, weil Intellekt und Gefühl oft nicht mehr beweglich genug sind, um dargelegte Gründe zu verstehen und nahegebrachte Motive aufzunehmen.

Alles das bewirkt eine Gesamtverfassung, in welcher das Negative zunimmt. Kommen dann noch besondere, durch Krankheit oder akute Körperschwäche verursachte Umstände hinzu: Schmerzen, Funktionsstörungen, Ausfallserscheinungen, Vernachlässigungen der eigenen Person, dann wird das Ganze für den Betroffenen selbst wie für seine Umgebung immer schwieriger.

In der Charakteristik des senilen Menschen sind zunächst die negativen Momente gezeichnet worden, weil sie im Gesamtbild des Daseins besonders scharf hervortreten. Es muß aber als ein Grundsatz des Menschenverständnisses gelten, daß es im Lebendigen bloß negative Anlagen, Vorgänge, Zustände nicht gibt. Jedes Lebenselement hat positive Seiten und öffnet positive Möglichkeiten. Das gilt auch für die senile Phase.

Tatsächlich kennt ja wohl Jeder sehr alte Menschen, an die er gern denkt, weil in ihnen eine freundliche Ruhe ist. Sie stehen mit Selbstverständlichkeit in ihrer Umgebung, und manche Schwierigkeit wird durch ihre Lebenserfahrung ohne viel Aufsehen gelöst. Von diesen Gestalten des täglichen Lebens führt eine Linie zu größeren, die uns in Dichtung und bildender Kunst begegnen – gleichsam Offenbarungen dessen, was gerade dem sehr alten Menschen möglich ist, wenn er sich selbst richtig versteht und richtig hält.

Und zwar sind es gerade die genannten Momente der Lebenssenkung, die das möglich machen. Der sehr alte Mensch ist aus dem Daseinsdienst, der so oft zum Daseinskampf wird, entlassen. Seine innere Kühle macht es ihm leichter, sich zu bescheiden; Erfahrung und Abstand vom Leben lehrt ihn, den Anderen zu verstehen und gelten zu lassen. Doch darüber gleich mehr.

III

Unsere Überlegungen gehen nicht auf eine Phänomenologie der menschlichen Entwicklung um ihrer selbst willen, sondern auf deren ethisch-pädagogische Bedeutung. So entsteht die Frage, welche sittlichen Aufgaben aus der Lebensphase des senilen Menschen entstehen, und welche erzieherischen Möglichkeiten in ihr liegen.

Wir haben gesehen: ein eigentliches Wertbild, das in der Struktur der Phase begründet wäre, deren unwillkürliche Impulse bestimmte und von dem her ohne weiteres einsichtige, positiv-ethische Normen entwickelt werden könnten, ist in ihm nicht nachzuweisen. Es sei denn, wir entschließen uns, zu sagen, das hier gültige »Bild« sei vom Ende her gebaut; seine Dominante liege in einem Moment, das unsere Epoche aus den Augen verloren, eine wissendere Zeit aber die *ars moriendi*, die Kunst des Sterbens genannt hat.

Letzteres beginnt nämlich viel früher als mit dem Augenblick, in welchem der Arzt ernst wird. Es beginnt, wenn das Abnehmen der Kräfte, die Verengung des Lebensfeldes, das Angewiesensein auf Andere anfangen, den Ton der Existenz zu bestimmen. Wenn also die senile Lebensphase eine Wertfigur hat, dann kann deren Dominante nur im richtigen Zugehen auf den Tod liegen.
Unsere Zeit sieht aber – im vorausgehenden Abschnitt war davon bereits die Rede – »Leben« nur im jugendkräftigen Zustand. Der Tod ist für sie ein bloßes Negativum. Ihm wird eine gewisse Bedeutung zugestanden, sofern von einem anständigen, oder tapferen, oder gar irgendwie tragisch-großen Tod gesprochen wird. Das sind aber Wertungen, die nur sozusagen punktuelle Bedeutung haben, sich bloß auf das Ende als solches richten und im übrigen dekorativer Natur sind. Von der, man möchte sagen, absoluten Bedeutung, welche frühere Zeiten dem »guten« und »seligen« Tod gegeben haben, daher rührend, daß in ihm die letzte Entscheidung über die Ewigkeit fiel, ist nichts mehr übrig. Damit ist aber auch die ins Leben selbst vorlaufende Bedeutung verschwunden, welche machte, daß das Zugehen auf den Tod diesem Leben eine eigene Wichtigkeit und Würde gab.
Die Wirkung von alledem ist, daß der Tod für das heutige Bewußtsein keinen positiven Wertakzent mehr hat. Er wird als bloßes Aufhören gesehen, das

noch dazu unter furchterregenden Umständen vor sich geht. Daher wird er aus dem Blickfeld verdrängt; kommt er aber, dann kommt er unvorbereitet. Zwischen ihm und dem vorausgehenden positiven Leben besteht keine Verbindung. Er kommt, dem Sinnerlebnis nach, »von außen«, und die Symptome, mit denen er sich in der Phase des hohen Alters anmeldet, werden nicht in den Zusammenhang des Daseins einbezogen, sondern nur erduldet.

IV

Die ethisch-erzieherische Aufgabe der senilen Lebensphase nun gliedert sich nach zwei Gesichtspunkten.

Unter dem ersten und vordringlichsten ist sie der Umgebung des sehr alten Menschen gestellt. Wenn der Charakter dieser Phase im Abnehmen der Lebensenergien besteht, muß im selben Maße die Aufgabe derer wachsen, auf welche das abnehmende Leben angewiesen ist. Sie ist eine solche des Helfens und, vorher, des Ertragens.

Der sehr alte Mensch ist nämlich nicht leicht zu ertragen. In ihm und um ihn her stockt das Leben. Die Mannigfaltigkeit, das Überraschende und Anregende verschwindet. Alles geht den gleichen, bis in Wort und Gebärde hinein längst gewußten Gang; um so hartnäckiger festgehalten, je älter der Mensch wird. Die Schwäche des Alters äußert sich in Empfindlichkeit, Mißtrauen, nicht selten Heimlichkeit, ja sogar Hinterhältigkeit. Während zeitlich sehr fern liegende Geschehnisse hell im Gedächtnis stehen, mit einer aufreizenden Eintönigkeit immer wieder erzählt, zur Geltung gebracht, zur Grundlage von

Kritik am Jetzigen gemacht werden, verschwindet das zeitlich Naheliegende, auch und gerade das soeben Geschehene aus dem Gedächtnis. Das führt zu häufigen Mißverständnissen und Unzuträglichkeiten, die immer schwerer hinzunehmen sind. Bedenkt man dann noch die physischen Umstände: die zahlreicher werdenden Erkrankungen; die Neigung des alten Menschen, sich zu vernachlässigen; seine Gleichgültigkeit gegen die Gefühle Anderer, dann entsteht die Gefahr, daß die Herzenskraft auch der nahe Verbundenen allmählich müde wird, und nicht mehr im Stande ist, ihn noch in die Liebe hereinzunehmen. Wenn es sich vollends um keinen Nahestehenden handelt, dann begreift man, daß erfahrene Pflegerinnen sagen, kein Dienst fordere solche Selbstverleugnung wie der an den sehr Alten.

Hier zeigt die ethische Aufgabe ihre ganze Schwierigkeit. Sie fordert Energie und Selbstlosigkeit zugleich; vor allem aber eine große, immer erneute Geduld – um so mehr, als der Ausblick auf die Zukunft fehlt, und in der Regel nicht mehr erwartet werden kann, als ein anständig-vernünftiges Miteinander-Auskommen.

Die beste Atmosphäre dafür wird die einer ruhigen Selbstverständlichkeit sein. Sie ist am ehesten durchzuhalten und auf die Dauer auch das Wirksamste. Mit ihr gelingt es am leichtesten, zu verwehren, was nicht sein darf, entstandene Empfindlichkeiten zu entgiften, versuchte Heimlichkeiten aufzulösen. Der Blick auf den großen Zusammenhang des Lebens aber, der jeden einmal in diesen Zustand bringt, kann zu solcher Selbstverständlichkeit helfen.

Und noch etwas anderes kann helfen: der Humor. Treiben der Eigensinn, die Nörgelei, das Mißtrauen

des alten Menschen seine Hausgenossen zur Verzweiflung, dann kann es wahrhaft erlösend sein, wenn es diesen gelingt, sich innerlich abzusetzen; das komische Unverhältnis zu sehen, in welchem der Anspruch des Alten zu seiner Kümmerlichkeit steht und – innerlich, wohlgemerkt! – zu lachen. Dann geht alles für einen Augenblick wenigstens in der Torheit des Lebens auf.
Und man tut gut, ein solches Ventil auszubilden, denn die Unerträglichkeit des senilen Menschen kann eine böse Wirkung haben: daß seine Umgebung ihm den Tod wünscht. In grober Weise so, daß der Wunsch ins Wort gelangt, oder sich im Verhalten zeigt; in feinerer so, daß er zwar innerlich bleibt, aber vom unsicheren Selbstgefühl des alten Menschen empfunden wird. Jeder innere Impuls hat aber die Tendenz, sich zu verwirklichen, und kein Kulturfortschritt bildet hier eine unbedingte Sicherung. In frühen Zuständen wird der senile Mensch als Gefahr empfunden und getötet. In modernster Zeit ist auf Grund einer offiziellen Theorie mit wissenschaftlicher Exaktheit und genauer Organisation das Gleiche geschehen. Sage aber keiner, eine solche Handlungsweise liege ihm fern. Wer fähig ist, sich selbst zu beobachten, auch eigene Fehlhandlungen und Träume zu verstehen, mag wohl über das erschrekken, was zuweilen vom Inneren her aufsteigt. Und die Art, wie ein alter Mensch in ein Heim abgeschoben wird, obwohl an sich die Möglichkeit bestünde, ihn zu Hause zu behalten, tut im Grunde nichts anderes, als der »Eugeniker« der braunen Jahre.

Im übrigen darf nicht vergessen werden, daß die Pflicht des lebensstarken Menschen gegenüber dem alten nicht nur für den letzteren wichtig ist. Wenn ich nicht irre, war es Friedrich Wilhelm Foerster, der auf die Gefahr hingewiesen hat, die in der Gesundheit selbst liegt. Sie kann den Menschen roh und, in einem tiefen Sinn, dumm machen. Der antike Weise würde sagen: ihn anfällig machen für das Schicksal. Die Sorge für den Schwachen schützt den Starken selbst. Indem dieser die Hilfsbedürftigkeit des Alten versteht und durch die Rücksichtnahme auf ihn die eigene Lebensungeduld mäßigt, wird er vor vielem bewahrt, das ihn zu Fall bringen kann.

Darüber hinaus aber gewinnt er durch solche Sorge ein besseres Verständnis für die Verletzlichkeit des Daseins überhaupt und für jene tieferen Werte, welche durch den Auftrieb des gesunden Lebens so leicht verdeckt werden. Der Mensch, der es ablehnt, dem sinkenden Leben gut zu sein und der fortschreitenden Einengung, die es erfährt, zu Hilfe zu kommen, versäumt eine wichtige Chance, zu verstehen, was überhaupt Leben ist, wie unerbittlich seine Tragik, wie tief seine Einsamkeit, und wie sehr wir Menschen mit einander solidarisch sind.

V

Die Frage nach der sittlichen Aufgabe der letzten Lebensphase wäre aber nur halb beantwortet, wenn nicht auch vom Anteil des senilen Menschen selbst an der Meisterung seines Existenzproblems gesprochen würde. Der Mensch ist nie bloßes Objekt; er ist wesenhaft Person und damit immer Subjekt seines Daseins. Natürlich entspricht seine Verantwortlichkeit dem Maß seiner geistig-seelischen Kräfte, und es wäre sinnlos, Forderungen zu stellen, welche dieses überschreiten. So lange er aber des Blicks auf das eigene Leben fähig ist, hat er die Möglichkeit, etwas besser oder schlechter zu machen, und ist daher sich selbst Aufgabe. So soll er wissen, daß er nicht nur vom Anderen zu fordern, sondern auch selbst zu tun hat.

Unter den Sehr-Alten gibt es solche, die in beständiger Opposition zu ihrem Schicksal stehen; nur bemüht sind, zu erzwingen oder zu erlisten, was immer an kleinen Befriedigungen zu gewinnen ist; sich selbst und noch mehr den Anderen zur Plage und dabei häßlich und wesenlos werden. Es gibt aber auch andere; solche, die zu kennen ein Segen ist. In ihnen ist ein langes Leben still geworden. Arbeit ist getan, Liebe ist gegeben, Leiden ist gelitten worden – aber alles ist noch da, in Antlitz und Hand und Haltung und redet in der alten Stimme. Das haben sie aber selbst verwirklicht: durch die stets neue Annahme dessen, was nicht geändert werden kann; durch die Güte, die weiß, daß die Anderen auch da sind und ihnen das Ihre leichter zu machen sucht; durch die Einsicht, daß Verzeihen mehr ist als Rechthaben, Geduld stärker als Gewalt, und daß die Tiefen des Lebens im Stillen, nicht im Lauten liegen.

Im übrigen aber: Altwerden heißt, dem Tod nahe kommen; je älter, desto näher. In dieser Nähe tritt das Urgestein des Daseins hervor. Die Urfragen erheben sich: Ist der Tod die Auflösung ins Leere, oder der Durchschritt ins Eigentliche? Darauf gibt nur die Religion Antwort. Altwerden ohne den Glauben an Gott ist schlimm. Darüber helfen keine Redensarten weg. Der Kern im Leben des alten Menschen kann nur das Gebet sein – welche Form es immer annehmen möge.

Die sittliche Anforderung an den sehr alten Menschen kann nur bis zu einer gewissen, immer enger werdenden Grenze gehen. Soll er darüber hinaus etwas zur richtigen Bewältigung der Situation beitragen, dann kann das nur aus Voraussetzungen geschehen, die in früherer Zeit geschaffen sind. Aus der Schwäche der senilen Phase wird nur der etwas Sinnvolles machen, der in der Zeit des fruchtbaren Altseins, von welchem früher die Rede war, den Tod angenommen hat. Hat er da den Gedanken immer abgewehrt und sich über das Künftige Illusionen gemacht, dann gerät er als seniler Mensch in die ganze Armseligkeit.
In unseren Überlegungen ist uns als zentraler Akt der sittlichen Bewältigung des Lebens immer die Annahme der jeweiligen Phase erschienen. Anzunehmen, was ist, war immer der Ausgangspunkt, um daraus machen zu können, was sein soll. Die Annahme des sinkenden Daseins gelingt aber aus ihm allein heraus nicht; dazu ist es zu dürftig. Es kommt über die bloße Resignation nicht hinaus; die aber ist negativ, eingestandene Ohnmacht. Also muß der Mensch schon, wenn er noch in der Weisheitsreife des Alters steht, den kommenden Tod annehmen; muß auf ihn zuleben und das, was ihm jeweils an Zeit, Kraft und Leistung gewährt ist, als Geschenk verstehen. Dann erst, in Kraft dieser sozusagen aufgespeicherten Bereitschaft, wird er aus der letzten Phase etwas anderes machen können, als die bloße Bitterkeit des Absinkens.

Noch etwas anderes gehört hierher und muß besonders betont werden. Was die senile Phase für die Umgebung, aber auch für den Betreffenden selbst oft so armselig macht, ist die Tatsache, daß ihm nicht mehr daran liegt, wie die Anderen ihn empfinden. Es hat aber nicht viel Zweck, einem sehr Alten zu sagen, er solle sich reinlich halten, die Zynismen, zu denen sein Alter neigt, meiden, die Formen der guten Sitte wahren, wenn er nicht schon früher – viel früher, ja eigentlich von Kindheit auf – den Sinn für Selbstbeherrschung, Ordnung, Rücksichtnahme in sich entwickelt hat.

Vor allem aber ist es Sache des reifen Alters, in seiner Vorbereitung auf die letzten Jahre diesen Sinn zu befestigen. So oft er die Versuchung empfindet, es an der Disziplin gegen sich selbst, an den Formen der Gesittung fehlen zu lassen; die Freiheit, die ihm das Alter gibt, auszunutzen, um sich Dinge zu gestatten, die einst gerügt worden wären – jedesmal muß er sich sagen, daß er dadurch die Verwahrlosung vorbereitet, welche die letzten Jahre entstellen wird.

VI

Bei der letzten Phase des Lebens haben wir länger verweilt, als es an sich im Hinblick auf ihre Bedeutung für das Ganze richtig gewesen wäre. Es scheint aber, daß die Jahre des hohen Alters eine wachsende Bedeutung gewinnen. Bevölkerungsstatistik wie ärztliche Erfahrung zeigen, daß das durchschnittliche Lebensalter – die »Lebenserwartung« – schnell steigt. Die Ursachen des Todes werden wirksamer bekämpft. Die Medizin entwickelt eine genauere Lehre vom Zustand des alten Menschen und eine ihm gemäße Pflege – eine Gerontologie und Geronto-Therapie. Die soziale Fürsorge schafft die materiellen Bedingungen dafür, daß ein immer höheres Alter erreicht werden kann.

Daraus entstehen bevölkerungspolitische, soziologische und ökonomische Probleme von steigender Dringlichkeit. Etwas anderes geschieht aber auch: die Aufmerksamkeit richtet sich auf den alten Menschen und fragt nach seiner Bedeutung.

Bei den Völkern hoher Kultur, insbesondere solchen, die unter den Wertmaßstäben der biblischen Offenbarung stehen, trägt das hohe Alter einen Charakter der Ehrwürde, der aus religiösen Quellen kommt. Das vierte Gebot Gottes hat ein Ethos der Ehrfurcht zur Entwicklung gebracht, das lange wirksam war. In der neuzeitlichen Erfahrung verblaßt dieser Charakter. Im zwanzigsten Jahrhundert vollends wird wertvolles Leben für das herrschende Gefühl mit jungem Leben identisch.

Von hierher hat die Praxis der zwölf Jahre eine »Lösung« für die Frage gefunden, welche nackte materialistische Barbarei war. Sie ist für den Augenblick überwunden; ihre seelischen Voraussetzungen aber zusamt den Tatsachen, denen sie zu begegnen suchte, bestehen weiter und werden immer stärker. Da man zugleich, ohne des Pessimismus verdächtig zu werden, sagen darf, daß die Einschätzung des Menschen als Menschen sinkt; daß mit steigender Zahl der Bevölkerung und entwickelterer Gesellschaftstechnik die »Behandlung« des Menschen immer hemmungsloser wird, so darf man nicht allzu sicher sein, jene »Lösung« werde nicht in verdeckter oder verfeinerter Form wiederkehren.

Rückblick

I

Über das Letzte, den Tod selbst, soll in einem anderen Zusammenhang die Rede sein.

Dabei wird klar werden, welche Zerstörung mit diesem Phänomen vor sich gegangen ist: wie eine sinnlose Angst vor dem Sterben mit einem ebenso sinnlosen »Ethos« des Schlußmachens, einer leeren Mythologie des Todes und einem stumpfen technischen Töten zusammengeht...[8]

Doch wollen wir noch einmal zurückblicken. Auf die Reihe der Lebensphasen und der zwischen ihnen liegenden Krisen: Leben im Mutterschoß, Geburt, Kindheit, Pubertät, Jugend, Erfahrung der Wirklichkeit, Mündigkeit, Innewerdung der Grenzen, Reife, Erfahrung des Endens, Alter und Weisheit, Eintritt ins Greisenalter, Senilität...

Diese Phasen bilden zusammen das Ganze des Lebens. Aber nicht so, daß es sich aus ihnen zusammensetzte, sondern das Ganze ist immer da, am Anfang, am Ende und an jeder Stelle. Es trägt jede Phase; macht, daß diese sie selbst sein könne.

Wiederum ist jede Phase um des Ganzen willen da und auch um jeder anderen Phase willen. Ihre Schädigung schädigt das Ganze und jedes Einzelne. So steckt im jungen Menschen die richtig oder falsch gelebte Kindheit; im mündigen der Elan des jungen Menschen; im reifen die Leistungs- und Erfahrungsfülle des mündigen; im alten das Erbe des gesamten Lebens – das hohe Alter aber wird einen positiven

[8] Vgl. dazu Guardini, Die letzten Dinge, 4. Aufl. Würzburg 1956.

Sinn nur in dem Maß gewinnen, als der Mensch in den vorausgegangenen Jahren zum Tod ein anderes Verhältnis als das des bloßen Wegsehens errungen hat. Anderseits bildet aber jede Phase eine Gestalt in sich; hat eigenen Sinn und ist durch keine andere zu ersetzen. Daraus ergeben sich eine Fülle von Problemen, die hier nicht erörtert werden können.

II

Auch muß zur richtigen Einschätzung des Gesagten betont werden, daß die ganze hier gegebene Schilderung in erster Linie vom Mann her gesehen ist.
Sie von der Frau her zu sehen und zu zeichnen, fühle ich mich nicht berufen. Das zu tun, wäre Sache einer Frau, und eine Aufgabe, die sehr dringlich ist. Eine verhängnisvolle Tendenz unserer Zeit geht dahin, die Geschlechter einander anzugleichen. Unter den Begründungen, welche diese Tendenz sich gibt, spielt die, zwischen den Geschlechtern müsse auf allen Gebieten die »Gleichberechtigung« durchgesetzt werden, eine besondere und verhängnisvolle Rolle. Wer fähig ist, die vielfach sich verwebenden Linien zu unterscheiden, auf welchen ein Impuls dieser Art wirksam wird, zweifelt nicht daran, daß das faktische Ergebnis eine Zerstörung der weiblichen Eigenart und damit eine gründlichere Entrechtung sein wird, als sie je war.
Der echte Weg zum Gleichgewicht der Rechte führt über die Entfaltung der Eigenart, denn nur in dieser liegt der Sinn und nur aus ihr kommt die Kraft.

Die Lebensalter und die Philosophie

Aus einer Ethikvorlesung

Meine Damen und Herren!

Sie waren sehr freundlich, und ich darf wohl diese Freundlichkeit mit dem morgigen Datum in Verbindung bringen; so danke ich Ihnen dafür von Herzen. Ich habe mich mit meinen Hörern an der Universität immer eng verbunden gewußt. In dieser Vorlesung über Ethik habe ich das aber besonders lebhaft empfunden, denn sie bedeutet für mich eine Art Synthese meiner Arbeit überhaupt.

Das drückt sich schon in ihrem Umfang aus. Die erste Lesung hat sich durch sieben Semester hin erstreckt; dann mußte ich sie abbrechen, weil ich mir über die Problematik des letzten Teils nicht klar werden konnte, der von der eigentlich christlichen Sittenlehre handeln sollte. So habe ich im nächsten Semester wieder von vorn angefangen, und nun hoffe ich, richtig durchzukommen.

Was ich hier unter »Ethik« verstehe, ist mehr als nur eine Untersuchung des Sollens und Nichtdürfens und der daraus sich ergebenden besonderen Probleme. In ihr geht es mir um eine Deutung des menschlichen Daseins überhaupt, wie sie von der sittlichen Verpflichtung her möglich wird, die auf ihm liegt, und von der Würde, welche diese Verpflichtung ihm gibt. So versuche ich in dieser Vorlesung unter dem ethischen Gesichtspunkt zu sagen, wie das zugeht, wenn

der Mensch lebt; in welcher Weise es richtig geht und in welcher falsch.
Ihre lebendige Teilnahme an der Arbeit dieser Vorlesung aber, meine Damen und Herren, macht mich gewiß, daß ihr Anliegen auch Ihnen wichtig scheint.

Doch soll damit meine Antwort nicht zu Ende sein. Mir sind allerlei Gedanken durch den Kopf gegangen – darüber, welche Bedeutung wohl die verschiedenen Lebensphasen, und also auch die des Alters, für die philosophische Erkenntnis haben. So denke ich, diese könnten auch Sie interessieren; um so mehr, als sie sich gut in den Zusammenhang der ganzen Vorlesungsreihe einfügen.
Was ich meine, sind nicht nur Selbstverständlichkeiten von der Art, wie daß der Weg zur philosophischen Einsicht eine durch alle Phasen des Lebens gehende Bemühung verlangt, in welcher der Philosophierende verarbeiten muß, was andere erkannt haben, sich im Sehen üben, forschend in die Probleme eindringen und so fort. Was ich meine, ist etwas, das noch vor dem eigentlichen Denken liegt, nämlich die Möglichkeiten der Erfahrung, welche die verschiedenen Phasen des Lebens als solche enthalten – Erfahrungen, die dann für das philosophierende Denken wichtig werden.
Da ist zuerst die Kindheit.
Sie hat mit Philosophieren nichts zu tun; zu ihrem Glück, denn das bedeutet ja vor allem ein Bewußtwerden, worin der Mensch erkennt, was ist, und eben damit in seine Verantwortung dafür eintritt. Das Kind darf einfachhin da sein, leben und wachsen. Aber auch es erfährt, immerfort, mit seinem ganzen Sein und mit einer nicht mehr wiederkehrenden

Intensität. Man könnte, glaube ich, feststellen, ob ein Philosoph eine wirkliche Kindheit gehabt hat oder nicht; denn in ihr bilden sich Voraussetzungen, die sich in allem Späteren auswirken.
Mit einiger Richtigkeit darf man sagen, der Einzelne wiederhole in seiner Kindheit die mythische Epoche der Gesamtgeschichte. Seelenbereich innen und Dingbereich draußen, lebendige Wesen und lebloses Spielzeug, Zeremonie und Wirklichkeit, Phantasie und Schicksal gehen da in einander. Die Verwandtschaft aller Dinge wird erlebt, die Nähe trotz aller Scheidungen, das Ganze, auf den Menschen zu und vom Menschen hinaus. Aber auch, in alldem, der Geheimnisgrund alles Seins und, wenn die Umgebung sie nicht übertönt, die Stimme Gottes. Was wirkliche Erzieher und wissende Dichter über das Seherische im Kinde sagen, gehört hierher. Diese Erfahrungen gehören in den Grundbestand des philosophischen Geistes hinein. Hat die Kindheit sie nicht gebracht, dann werden sie nicht mehr nachgeholt; und es fehlt etwas Wichtiges, wenn sie fehlen.
In die gleiche Zeit fallen die frühesten Erfahrungen des Wachens und Schlafens, des Hungers und der Speise, des Schmerzes und des Wohlseins, der Angst und der Geborgenheit, des Gebens und Nehmens, des Spielzeugs und des Gegenstandes. Eben dahinein auch die Erfahrung der unmittelbarsten menschlichen Beziehungen: das Leben im mütterlichen Schoß, das Ereignis der Geburt, die Beziehung zu Mutter und Vater; nicht zu vergessen das Zusammensein mit jenen Wesen, durch die, mitten in der Vertrautheit des gleichen Blutes, die Fremdheit »des anderen Menschen« an das Kind herantritt, nämlich den Geschwistern. Die Einheit in Allem wird erlebt – und

zugleich die durchdringenden Scheidungen. Es ist die erste Einübung in jenes Gefüge, das sich aus der Vielheit der Einzelmenschen bildet...

Sind das aber nicht die Grunderfahrungen, auf denen alles Denken ruht? Und liegen daher in ihnen nicht auch die Wurzeln der Philosophie?

Dann vergeht der Zustand des Kindtums – auch er durchaus nicht nur »selig«, sondern bereits ein Gewebe von Lust und Leid, von Unschuld und Schuld, wie alles Menschliche – und es kommt, durch die Krise der Pubertät hindurch, die Zeit des jungen Menschen.

Auch sie hat eine besondere Bedeutung. In ihr erlebt nämlich der Einzelne einen Charakter im Dasein, ohne dessen echte und tiefe Aneignung kein Philosophieren gelingt: den des Unbedingten, Absoluten. Wo der sich im Einzelnen bezeugt, können wir hier nicht darstellen: in der Idee, in der sittlichen Forderung, in der Wesensnorm, nach welcher das Leben gedeiht, und so fort. Hier gewinnt, wenn es ihm nicht von außen her unmöglich gemacht wird, das junge Denken die für alle spätere Arbeit entscheidende Haltung der Ehrfurcht vor dem Absoluten und des Vertrauens zu ihm; den Glauben, daß es eine Richtigkeit der Dinge gebe, und die Zuversicht, daß man sie verwirklichen könne; das Leiden an der Ungerechtigkeit und die Reinheit, welche Kompromisse ablehnt.

Später kommen dann die Einschränkungen und Verflechtungen, sicher; es braucht aber nicht besonders bewiesen zu werden, was es bedeutet, wenn der Denkende einmal das Bewußtsein des Unbedingten gewonnen hat: jenes Unangreifbaren, Leuchtenden,

Mächtigen, das in so wesenhafter Beziehung zu Geist und Person steht: als Sein, als Wahrheit, als Norm, als Ordnung. Ein Geist, dem es fehlt, ist ein Invalide. Er sollte das Philosophieren lassen.

Ich sagte soeben, dann komme die Zeit, in welcher das Leben selbst seine Korrekturen an der Vorstellung vom Unbedingten vornimmt.

Vorher hat der Mensch mit Vorliebe Prinzipien gedacht; jetzt lernt er, Fakten zu sehen. Vorher hat er Programme für das Dasein aufgestellt; jetzt wird ihm deutlich, wie es ist, und er beginnt, das Recht des Seienden anzukennen. Vorher war seine eigentlichste Denkform das Entweder-Oder; jetzt beginnt er zu verstehen, abzustufen, zu verzeihen, sich mit dem Möglichen abzufinden.

Wichtige Dinge für den philosophierenden Geist: zu erkennen, daß das Absolute nicht einfach und scharf umrissen im Dasein steht, sondern in Bedingtheiten eingeflochten und von Schwankendem umgeben. Und die Aufgabe aufzunehmen, die daraus kommt: das Unbedingte mitten in den Abhängigkeiten, das Gültig-Ewige im Strömenden und Sich-Verändernden aufrecht zu erhalten.

Daraus ergeben sich aber auch tiefe Krisen. Es ist die Zeit, in welcher die Gefahr des Positivismus wirksam wird: daß die Leidenschaft der Unterscheidung zwischen Wahr und Falsch, zwischen Gut und Böse, zwischen Recht und Unrecht verloren gehe; daß sich an die Stelle der objektiv gültigen Wahrheit die subjektive Echtheit eindränge, oder die bloße Tatsächlichkeit, vielleicht gar nur die Brauchbarkeit; daß die Abhängigkeiten und Funktionen überall das entscheidende Ja oder Nein auflösen, und alles seinen letzten Ernst verliere... In dieser Gefahr wird der Ernst des

Philosophen aufs strengste angerufen. Er hat die Verantwortung dafür, daß die Ordnung des Denkens und Lebens aufrecht bleibe. So muß er unterscheiden, die Zweideutigkeiten durchdringen, die Schärfe des Entweder-Oder aufrecht halten. Hier, wo es den Kern des Daseins gilt, muß er jene Härte lernen, welche Wahrheit, Treue und Mut in einem ist. Den Charakter im Philosophieren; eine der seltensten Eigenschaften in der heutigen Aufweichung alles Gültigen, durch die jener leere Raum entsteht, in welchem die Gewalt ihre Herrschaft aufrichten kann.

Das Leben geht weiter, und die Schule, in die es den philosophierenden Geist nimmt, wird strenger – vorausgesetzt natürlich, daß er bleibe, was er zu sein beansprucht, und weder auf den Weg des geringsten Widerstandes gerate, noch bloß gefundene Gedanken wiederhole, noch gar, statt selbst zu denken, nur sage, was Andere gedacht haben.

Er ist reif geworden. Er hat Wahrheitsverantwortung nicht nur für sich, sondern auch für Andere übernommen. Auf ihm liegt die Last des philosophischen Alltags, und das ist eine seltsame Last. Denn sollte Philosophieren nicht etwas sein, das den Charakter des Ungemeinen hat? Hat uns Platon nicht gelehrt, daß es von jener Bewegung getragen sei, welche die hohen Sinngestalten, die Ideen, im Herzen des Geistes wecken, mächtig und festlich zugleich? Manchmal ist es ja auch so. Jeder, der philosophiert, hat Stunden erlebt, in denen Wahrheit und Sinn heller leuchteten als ihr platonisches Symbol, die Sonne. Für die Regel aber bedeutet es Suche und Arbeit; oft Mühsal und Kampf; manchmal graue, unlohnende Plage.

Und nun kann es sein, daß er erfährt, was schlimmer ist als die Macht der Fakten und Abhängigkeiten, nämlich das Verblassen des Sinnes. Das hängt mit der Ermüdung zusammen, die sich in dieser Lebensphase leicht einstellt, wenn Aufgabe und Amt drückend werden, weil sich das Neue, Spannende aus ihnen wegverloren hat und sie aus Pflicht getan werden müssen; wenn der Mensch zu viel zu arbeiten, zu viel zu verantworten hat und doch aushalten muß; wenn von den seit langem bestehenden menschlichen Beziehungen die Frische abgefallen ist, und die Treue des Charakters für sie einzustehen hat.

Dann werden die Gedanken sinn-matt. Die Worte verlieren ihre Kraft, das Herz klopfen zu machen. Reden und Hören und Schreiben und Lesen – die Frage drängt sich auf, ob das alles denn lohne? Ob es wirklich gebe, worum der Philosoph sich bemüht: die Wahrheit? Ob mit Fug von gültigen Werten gesprochen werden könne? Ob die menschlichen Dinge einen Sinn haben? Ob nicht alles Routine sei und graues Einerlei? Die Gefahr der wirklichen Skepsis wird dringlich; jener Haltung, der ein Michel Montaigne den klassischen Ausdruck verliehen hat, als er vor seine Essais den Satz stellt: »*Que sais-je?*« Nicht nur: »ich weiß nichts«, was die Antwort wecken könnte: »also lerne!« Sondern: »Was weiß ich?« Weiß ich überhaupt etwas? Gibt es überhaupt ein Wissen im Unterschied zur Ungewißheit oder zur Unwissenheit? Ist echte Stellungnahme möglich? Gibt es das, was Sinnverwirklichung heißt?... In irgend einer Weise macht wohl jeder, der philosophiert, diese Erfahrung, um so andringender, wenn noch persönliche Enttäuschung, Mißlingen im Werk, Sorge und

Krankheit hinzukommen – und zu wem kämen die düsteren Besucher nicht?

Auch das aber ist Schule. Die Möglichkeit der Sinnzerstörung gehört zum Dasein. Das Dasein ist so, daß vieles in ihm wirklich keinen Sinn mehr hat, wenigstens keinen, der dem Gemüt deutlich wäre. Vom mündigen Alter sagten wir, in ihm bestehe die Aufgabe darin, das Absolute im Gewebe der Bedingtheiten zu erkennen – jetzt ist verlangt, den Sinn mitten in den Zerfallsvorgängen aufrecht zu halten, die ihn entmutigen und schwächen. Und keine Philosophie ist in Ordnung, welche dieser Gefahr nicht Stand gehalten hat.

Wenn der Philosoph redlich bleibt und den Problemen nicht ausweicht, zugleich aber den Mut behält, der an den Sinn glaubt, auch wenn noch so viel dagegen zu sprechen scheint, dann dringt er in die eigentlichen Schichten des Daseins ein. Die Illusionen werden weggeätzt, und das Gültige hebt sich heraus.

Doch soll damit nicht gesagt sein, alle Probleme würden gelöst. Nicht einmal, sie würden leichter. Vielleicht muß man sogar von etwas sprechen, das wie ein Gegenteil dazu klingt, nämlich von der Erfahrung, daß alles rätselhaft wird. Damit sind nicht besonders schwierige Einzelfragen gemeint, sondern ein allgemeiner Charakter der Dinge. Nachdem man erkannt hat: Eins ist so, weil ein Anderes so ist, und dieses wiederum auf Vorhergehendes zurückgeht – dann merkt man, daß mit diesen Sätzen wohl etwas, aber nicht sehr viel gesagt ist, auf jeden Fall nicht das Eigentliche. Vielleicht sogar, daß das, was man sagen müßte, außerhalb der Sagbarkeit liegt.

Das Dasein gewinnt jenen Charakter, den es – sagen wir, auf einem Stilleben von Cézanne hat. Da ist ein Tisch; auf dem Tisch liegt ein Teller; auf dem Teller sind ein paar Äpfel. Sonst nichts. Alles ist da, wohl beleuchtet und deutlich. Nichts mehr zu fragen, noch zu antworten. Und dennoch alles geheimnisvoll. Alles mehr als sein nächstes Es-selbst. Man kommt auf den Gedanken, das Geheimnis gehöre zur Klarheit hinzu. Es bilde den Tiefgang, den das Seiende haben müsse, wenn es nicht zur Attrappe werden solle. Vielleicht sogar, das Sein sei aus Geheimnis gemacht: die Dinge, die Vorgänge, das ganze Geschehen, welches »Leben« heißt.

Da kann der Philosoph eigentümliche Erfahrungen machen. Etwa wenn er abends im Zimmer sitzt, und ringsum die lang bekannten Bücher, die Möbel, das Bild an der Wand und die Figur auf dem Tisch ihre Vertrautheit verlieren, seltsam werden, fern und andringend zugleich – daß ihm der Gedanke komme: Wie merkwürdig, daß du hier sitzest! Daß du der bist, der du bist, und tust, was deine Tage von dir verlangen! Daß du überhaupt da bist! Was ist das? Was steht hiner den Dingen? Was hinter dir selbst? Da können ihm Worte verständlich werden, wie das des Prospero aus Shakespeares »Sturm«:

> »Wir sind aus solchem Stoff,
> wie der, aus dem die Träume sind,
> und unser kleines Leben ist umringt
> von einem Schlaf.« (IV.1)

Aber so ist's doch wieder nicht. Keine Träume; keine Scheinbilder, die durch einen Schlaf ziehen; vielmehr Geheimnis, von dem man ahnt, es sei der uns erreichende Wink der eigentlichen Wirklichkeit.

Ein schlechter Philosoph, der diese Geheimnisschwingung des Daseins mit irgendwelchen Verstandeskünsten zum Verschwinden brächte! Im Gegenteil, er soll sie deutlich fühlen. Er soll erleben, wie sie sich beständig verdichtet. Dann erfährt er auch, wie sich etwas ändert: Das Geheimnis wird bewohnbar. Es offenbart sich als die Tatsache des Geschaffenseins, das aus der Freiheit Gottes hervorgegangen ist.

In dieser Atmosphäre gewinnen die Aussagen des Glaubens: das Wort von Gott, von der Schöpfung, von der Gnade, von der Führung der Dinge, das Wort von der eigentlichen und ewigen Klarwerdung eine neue Eindringlichkeit.

Und nun wäre noch von einer letzten Erfahrung zu sprechen, nämlich der des Sterbens; die geht aber in kein Philosophieren mehr ein. Manchmal mag das Leben hart an den Tod hingelangen; etwa in einer großen Gefahr, oder wenn ein Mensch stirbt, der einem sehr nahe steht. Trotzdem ist es nicht der wirkliche, nämlich der eigene Tod. Wer den erfahren hat, philosophiert nicht mehr, sondern gibt Rechenschaft über alles Philosophieren vor dem Herrn der Wahrheit.

Etwas anderes aber ist wichtig, nämlich die wirkliche Annäherung an das Ende. Wenn dieses also nicht mehr nur die Möglichkeit bedeutet, die in allem Leben selbst liegt, aber von dessen Strömung überspült wird, sondern wenn seine Nähe im Gefühl durchzudringen beginnt.

Das zu erfahren, bedeutet für die philosophische Haltung sehr viel. Davon, ob der Erfahrende ihm Stand hält, oder es wegschiebt und wegredet; ob er

den Tod als den Schritt ins Eigentliche versteht, oder als das nackte Ende von allem; ob er im christlichen Protest gegen ihn verharrt und ihn dennoch als Sühne für das Unrecht des Daseins annimmt, oder aber ihm verfällt, sei es dionysisch, sei es in Angst, sei es in stumpfem Sich-Abfinden, wie immer – davon hängt für das Verständnis des Daseins nicht nur viel, sondern Entscheidendes ab...
Darüber wäre manches beizubringen, doch muß es bei dem Gesagten sein Bewenden haben.

In diesen Vorlesungen über ethische Grundfragen haben wir, meine Damen und Herren, schon manchen Blick auf das Ganze des Daseins getan und die einzelnen Probleme aus diesem Ganzen heraus zu beantworten gesucht. Die Gedanken, die ich soeben angedeutet habe, dienten auch einem solchen Blick. So war die Zeit, die wir auf sie verwendet haben, wohl nicht verloren.

Vom Altwerden

Eine Rundfunkansprache

I

Ich soll über jene Lebensphase sprechen, die man das Alter nennt. Das könnte vom Physiologischen her geschehen, so, wie es die Medizin tut; oder vom Praktisch-Sozialen her, wie es jene tun, die sich fragen, auf welche Weise der alte Mensch am besten ins Leben der Gesellschaft einzuordnen sei – und wie immer noch. Wir wollen die Frage philosophisch stellen, nämlich dahin, ob das Alter nur eben der Schluß des Lebens sei, nach dem nichts mehr kommt, oder ob es einen eigenen Sinn habe; vielleicht sogar einen sehr guten und tiefen; und es daher wichtig sein müßte, ihn zu verstehen und sich um seine Verwirklichung zu bemühen.
Nun kann natürlich über das Alter nur reden, wer etwas davon weiß; wirklich etwas davon wissen aber kann nur jener, der selbst darin steht. Sonst spricht er aus der Geisteshaltung des Jüngeren, und für den ist das Alter zunächst durchaus nichts Ehrwürdiges, wie ein harmloser Idealismus vorgibt. Mindestens weckt es in ihm Empfindungen der Überlegenheit und Nichtachtung. Oft fühlt er sich durch den Autoritätsanspruch des alten Menschen gereizt. Und vergessen wir endlich nicht die geheime Feindschaft, welche das aufsteigende Leben dem sinkenden entgegenbringt. Wir brauchen nur an die Sitten mancher primitiver Völker zu denken, um zu sehen, mit welcher Unbarmherzigkeit sich diese Feindschaft Geltung verschafft hat. Aber es bedarf nicht einmal eines

Rückblicks in solche Ferne. Hat nicht in den kaum vergangenen braunen Jahren weithin der unmenschliche Maßstab des lebenswerten beziehungsweise lebensunwerten Lebens gegolten? Und von ihm her die Meinung, wertvoll sei nur das junge Leben; der alte Mensch hingegen entmutige und beirre es? Ganz abgesehen davon, daß er nicht mehr produktiv sei, die Allgemeinheit belaste und daher beseitigt werden müsse?

Diese Gefühle haben nun freilich, wie alle gefühlsmäßigen Stellungnahmen, ihren Gegenpol, und zwar liegt der beim alten Menschen selbst, wenn er in falscher Weise alt geworden ist. Dann hat er einen Groll gegen das Leben, das ihm selbst entgleitet; neidet der Jugend ihr Jungsein, ihre Zukunft, ihr Planen und Hoffen und sucht es ihr zu verleiden – sei es auch nur dadurch, daß er alles Neue verwirft und alles Alte verklärt.

In glaubwürdiger Weise über das Alter zu sprechen, ist demnach nicht leicht. Es setzt voraus, daß man selbst in der Alterserfahrung stehe; aber auch, daß man die Neigung erkannt habe, welche zum Groll gegen das Leben, zum Neid gegen die Jugend, zum Ressentiment gegen das Neue treibt, und wenigstens versuche, damit fertig zu werden.

Wer also den Versuch unternimmt, etwas über den Sinn des Alters zu sagen, erhebt damit in etwa den Anspruch, etwas von alledem getan zu haben, und das ist natürlich eine heikle Sache. Auf jeden Fall sollte aber dieser Sachverhalt wenigstens zur Sprache gebracht werden, damit der Raum sich kläre.

Und die Zeit, die darauf verwendet wurde, war auch nicht verloren, denn das Gesagte hat uns bereits mitten in das Problem hineingeführt. Es ist nämlich deutlich geworden, daß Altwerden nicht einfach heißt, irgendeine Anzahl von Jahren überschritten zu haben oder mit seinen Körperkräften in einem bestimmten Zustand zu sein, sondern daß es ein richtiges und ein falsches Altwerden gibt. Und daß die Stellungnahme des jüngeren Menschen zum Alter mit davon abhängt, wie dieses selbst sich versteht und lebt.

II

So muß nun als Erstes und Entscheidendes gesagt werden, was überhaupt die Grundlage aller Lebensweisheit ist: daß in der richtigen Weise nur alt wird, wer das Altwerden innerlich annimmt.

Das ist durchaus nicht selbstverständlich und durchaus nicht leicht. Sehr oft nimmt der Mensch es nämlich nicht an, sondern erleidet es bloß. Dadurch kann er natürlich die Tatsache nicht aufheben, daß er siebzig Jahre alt ist statt fünfzig oder dreißig; daß seine Kräfte ihm nicht mehr erlauben, die Treppen hinauf zu laufen, sondern er langsam tun muß; daß seine Haut nicht mehr glatt ist, sondern Runzeln bekommt. Aber er versucht es und kommt dadurch in eine tiefe Unwahrheit. Wie häufig das geschieht, zeigt uns oft der erste Blick auf die Leute, denen wir in der Straßenbahn oder in der Gesellschaft oder im Theater begegnen. Sie tun alles Mögliche, um die Tatsache des Altwerdens zu verdecken und eine Jugendlichkeit vorzutäuschen, die nicht da ist – welche Täuschung freilich nicht einmal äußerlich gelingt, weil der erfahrenere Blick die Komödie durchschaut, so daß zur Unwahrheit noch die Lächerlichkeit hinzukommt.

Die erste Forderung lautet also: das Alter annehmen. Je ehrlicher das geschieht, aus je tieferer Einsicht in seinen Sinn und mit je reinerem Gehorsam gegen die Wahrheit, desto echter und wertvoller wird die Phase des Lebens, welche diesen Namen trägt.

Denn auch das Alter ist Leben. Es bedeutet nicht nur das Ausrinnen einer Quelle, der nichts mehr nachströmt; oder das Schlaffwerden einer Form, die vorher stark und gespannt war; sondern es ist selbst Leben, von eigener Art und eigenem Wert. Wohl bedeutet es die Annäherung an den Tod; aber auch der Tod ist ja noch Leben. Er ist nicht nur ein Aufhören und Zunichtewerden, sondern trägt einen Sinn in sich. Denken wir an die Doppelbedeutung, die das Wort »enden« hat, und die in der Verbindung mit dem Eigenschaftswort »voll« zutage tritt. »Voll-Enden« heißt wohl, zu Ende bringen, aber so, daß darin das sich erfüllt, worum es geht. So ist der Tod nicht das Nullwerden, sondern der Endwert des Lebens – etwas, das unsere Zeit vergessen hat. Die Alten haben von der *»ars moriendi«* gesprochen, von der Kunst des Sterbens, und damit sagen wollen, es gebe ein falsches und ein richtges Sterben: das bloße Ausrinnen und Zu-Grunde-Gehen – aber auch das Fertig- und Vollwerden, die letzte Verwirklichung der Daseinsgestalt. Wenn das vom Tode gilt, dann um so mehr vom Altern.

Die erste Bedingung dafür aber ist, noch einmal gesagt, die Annahme. Im Maße sie geschieht, ändert sich die Weise, wie diese Lebensphase erfahren wird. Damit soll gewiß nichts von der Bitterkeit weggeredet werden, die in ihr liegt; von der wachsenden Hilfsbedürftigkeit, die macht, daß der Mensch auf die anderen angewiesen ist; von der Nichtachtung, welche seine Schwäche hervorruft, und was alles noch hinter dem Wort im Buch des Predigers steht, wenn es an

»die Jahre« erinnert, »von denen du sagen wirst: sie gefallen mir nicht« (Koh 12,1). Doch selbst das bekommt einen verschiedenen Charakter, wenn der Alternde sich mit seiner Existenz eins weiß und immer aufs neue durch die Annahme eins macht – oder aber mit denen, die ihn gering schätzen, im Grunde gleicher Meinung ist, nur daß er leider auf der ungünstigen Seite steht.

Im Maße er die Annahme vollzieht, wird auch sein Verhältnis zu den Jüngeren anders. Er verliert den Groll gegen das Leben, das ihm entgleitet, und den Neid gegen jene, die es noch haben. Er anerkennt ihre Existenz; ja er lernt, sie zu lieben und versucht, ihnen zu helfen. Das aber nicht aus einem Herrschwillen, der das Helfen zu einer Verkleidung des Neides macht, sondern ich möchte sagen: aus einer Solidarität in der Sache des Lebens selbst; aus dem Wunsch, daß dieses so viel gefährdete und verwirrte Leben richtig werde.

Das fühlen dann die Jüngeren und lernen ihrerseits, im Altgewordenen das Alter anzuerkennen. Sie merken, daß hier eine echte Lebensgestalt ist, auch wenn sie diese Gestalt nicht wirklich verstehen können. Sie gewinnen Vertrauen und nehmen von ihr her ein Element in ihr eigenes Dasein auf, das sie aus sich heraus nicht zu finden vermöchten. Eine große Sache, die Solidarität der verschiedenen Lebensgestalten im Willen, das Leben solle voll und recht werden!

III

Worin besteht also der Sinn des Alters? Mir scheint, in zwei Dingen.

Das Leben ist kein einförmiger Fluß, sondern es gliedert sich in verschiedene Epochen, die jeweils in sich geschlossen sind. So hat zum Beispiel die Kindheit ihren eigenen Sinn, nämlich den des Wachstums; was sofort voraussetzt, daß eine Umgebung da sei, die dieses Wachstum ermöglicht und fördert und in dieser Haltung selbst Werte gewinnt, die sie anders nicht gewinnen kann. Wenn also die Kindheit so in sich ruht, ist sie doch auch um des späteren Lebens willen da. Denn der Erwachsene zehrt aus dem, was er als Kind gelebt hat und geworden ist, und sein Wesen weist Ausfälle und Fehlbildungen auf, wenn die Kindheit sich nicht echt erfüllt hat. Entsprechendes gilt vom Leben des jungen Menschen, und ebenso von dem, das zur Reife gelangt ist. So ist auch das Alter eine eigene Gestalt, deren Sinn wohl durch das Wort »Weisheit« bestimmt werden kann.
Der in der richtigen Weise Altwerdende wird fähig, das Ganze des Lebens zu verstehen. Er hat keine eigentliche Zukunft mehr; so wendet sein Blick sich auf das Vergangene zurück. Er sieht die Zusammenhänge; erkennt, wie darin die verschiedenen Anlagen, Leistungen, Gewinne und Verzichte, Freuden und Nöte durch einander bestimmt werden und so jenes wunderbare Gefüge entsteht, das wir »ein Menschenleben« nennen.
Wir sprechen oft von der Persönlichkeit und meinen damit die charakteristische Art, wie ein Mensch er selbst ist; wie im Aufbau seines körperlich-seelisch-geistigen Lebens die verschiedenen Anlagen sich zu einem Ganzen zusammenfügen, und wie alles aus jenem nicht mehr ableitbaren Mittelpunkt heraus bestimmt ist, den wir meinen, wenn wir sagen: »er« und nicht ein anderer. Diese Form der Persönlichkeit

hat einen sozusagen stehenden Charakter. Wir empfinden sie, wenn wir einem Menschen begegnen und im Gespräch, in der Zusammenarbeit oder im Kampf merken, wer er ist. Die gleiche Persönlichkeit hat aber auch eine Zeitform, und das ist der Gang ihres Lebens. Die erste Gestalt ist wie ein Porträt; die andere wie eine Melodie. In beiden drückt sich aus, wie Gott diesen Menschen gedacht hat. Diesen Gedanken hat Er ihm bei seiner Geburt gewissermaßen als Entwurf mitgegeben; die inneren Anlagen aber, die äußeren Umstände, die Fügungen und Schicksale des Lebens sind das Material zu dessen Verwirklichung. Je nach dem Maß seiner Einsicht, seines guten Willens, seines Lebensernstes vollbringt er den Entwurf, oder verfehlt ihn, oder läßt ihn verkommen.

So lang der Mensch im Strom des vorandrängenden Lebens steht, plant und kämpft und hofft, wird ihm dieser Gottesgedanke nicht klar. Das geschieht erst unter dem Randdruck des näherkommenden Endes; wenn er anfängt, zurückzublicken. Dann sieht und versteht er die Zusammenhänge – vorausgesetzt freilich, daß er den Mut habe, sehen zu wollen, was ist, und die Redlichkeit, nur das sehen zu wollen, was wahr ist.

Daheraus kommt Weisheit. Und da, bei allem Unterschied der Persönlichkeiten und der Schicksale, alle, Jung wie Alt, eben doch Menschen sind, kann er aus dem Blick aufs eigene Lebensganze heraus manches von dem verstehen, was bei anderen noch im Strom der Verwirklichung treibt, und ihnen manches Hilfreiche sagen – vorausgesetzt wiederum, daß sie bereit seien, daraus zu lernen. Das Eigenste freilich gelangt nie ins Wort.

Soviel vom Ersten. Das andere hängt eng damit zusammen, hat aber doch einen besonderen Sinngehalt; und zwar kommt es aus der Nähe, in welche der alternde Mensch nicht zum Ende, sondern zum Ewigen gelangt.

Wieder muß man eine Bedingung machen: daß er um ein Ewiges wisse. Also nicht der Trostlosigkeit verfallen sei, eben nur voranzuleben, ganz eingefangen in den Strom der Zeit. Ein solcher kennt nur das Gestern und das Morgen und dazwischen ein dünnes Jetzt. Nicht weiß er um das, was weder in ein Gestern und das Morgen, noch in ein Jetzt eingeschlossen ist, nämlich das Ewige. Sagen wir es deutlicher: um Gott und sein zeitloses Reich.

Nehmen wir aber den günstigen Fall. Nehmen wir an, ein Mensch habe die innere Mitte seines Daseins nicht verlassen. Er sei nicht der bloßen Natur mit ihrem angeblichen Geheimnis, noch der bloßen Geschichtlichkeit und dem Unsinn des Fortschrittsglaubens verfallen. In ihm sei das Wissen vom Gültigen und Dauernden lebendig; lebendig auch, was im eigenen Wesen dem zugeordnet ist, so daß das Unsterbliche in ihm dem Ewigen Gottes antwortet. Dann wird das im Laufe seines Alters immer stärker. Die Dinge und Geschehnisse des unmittelbaren Lebens verlieren ihre Vordringlichkeit. Die Gewalttätigkeit, mit der sie den Raum der Gedanken, die Fühlkraft des Herzens in Anspruch nehmen, läßt nach. Vieles, das ihm größte Bedeutung zu haben schien, wird unwichtig; anderes, das er für geringfügig gehalten hatte, nimmt an Ernst und Leuchtkraft zu. Die Gewichte verändern sich, und Maßstäbe neuer Art werden deutlich.

Auch das wirkt in jenen Blick auf das Ganze des Lebens hinein, von dem wir gesprochen haben. Es ist ein Vorlauf dessen, was die religiöse Sprache das Gericht nennt. »Gericht« bedeutet, daß die Dinge aus den Verschleierungen des Geredes, aus den Verwirrungen durch Lüge und Gewalt herausgenommen und in die reine, weder zu bestechende noch zu betrügende Wahrheitsmacht Gottes getragen werden. Zu diesem Gericht, das nach dem Tod im Gegenüber zu Gott geschehen wird, vollzieht sich im rechten Alter eine Art Vorbereitung.

Auch das schafft Weisheit und, aus ihr heraus, eine Autorität. Letztere beruht auf keiner Machtstellung irgendwelcher Art, sondern auf erlebter Wahrheit und bezeugt sich durch sich selbst. Sie gibt dem Altern einen Sinn, den keine andere Phase des Lebens hat.

IV

So besteht das Problem des Alterns darin, daß der Mensch es annehme, seinen Sinn verstehe und ihn verwirkliche. Etwas anderes muß aber hinzugefügt werden: Es hängt viel davon ab, daß die Allgemeinheit ebenfalls und ihrerseits das Alter annehme; ihm redlich und freundlich das Recht des Lebens gebe, das ihm zukommt.

Wir beobachten heute überall die Erscheinung, daß als menschlich-wertvoll nur das junge Leben, das alte hingegen als Verfall angesehen wird. Findet das aber nicht seine genaue Entsprechung darin, daß es immer weniger alte Menschen gibt, die mit ihrem Dasein wirklich, vom Bewußtsein seines Sinnes her, etwas anfangen können? Bedingen die beiden Tatsachen einander nicht gegenseitig? Und erzeugen sie nicht im Gesamtleben, bei aller beständig wachsenden Tüchtigkeit und Macht, eine seltsame und bedenkliche Unreife?

Man spricht viel und mit Besorgnis vom zunehmenden Anteil der alten Menschen am Gesamtbestand des Volkes – ich bin aber noch nie der Frage begegnet, ob nicht das wirklich Besorgliche darin bestehe, daß der alte Mensch heute weithin keine echte Funktion mehr im Ganzen hat, weil er sich selbst nicht in seinem Sinn versteht. Dann ist er allerdings für die Familie, die Gemeinde, den Staat nur eine Last.

Es hängt viel, auch in soziologischer und kultureller Beziehung, davon ab, daß verstanden werde, was der alternde Mensch im Zusammenhang des Ganzen bedeutet. Daß der gefährliche Infantilismus überwunden werde, nach welchem nur junges Leben menschlich wertvoll ist. Daß unser Bild vom Dasein die Phase des Alters als Wertelement enthalte und daß damit der Bogen des Lebens voll werde, nicht aber sich in ein Fragment hinein beschränke und den Rest als Abfall ansehe. Was helfen aber alle Gerontologie der Medizin und alle Fürsorge der Sozialpflege, wenn nicht zugleich der alte Mensch selbst zum Bewußtsein seines Sinnes gelangt? Dann wird er nur biologisch erhalten und ist sich wie seiner Umgebung eine Beschwerde.

Doch ergibt sich daraus auch die Folgerung, die Allgemeinheit müsse ihrerseits dem alternden Menschen die Möglichkeit geben, sein Altern richtig zu vollziehen, denn das hängt nur zu einem Teil von ihm, zum anderen davon ab, ob seine Umgebung, seine Familie, sein Freundeskreis, darüber hinaus aber auch der soziale Zusammenhang, die Gemeinde, der Staat ihm jene Lebensbedingungen geben, die er selbst sich nicht geben kann.

Geschieht das und tritt das in Korrespondenz mit dem eigenen Willen des alternden Menschen, das Seinige richtig zu tun, dann entsteht ein Bezug, der für das Ganze unentbehrlich ist. Ein Gesamtbewußtsein, in welchem das Alter den ihm eigenen Sinn und die Möglichkeit für die Verwirklichung dieses Sinnes nicht hat, ist falsch gebaut. Er erleidet Ausfälle an Lebensfülle, Einbußen an Einsicht, Verzerrungen des Urteils, die sich an den verschiedensten Stellen geltend machen.

Auch hier sollten die vergangenen Jahrzehnte jedem, der Augen im Kopf und ein Gefühl im Herzen hat, ernste Belehrung geben.